KB179739

경관,
공간에 남은
삶의 흔적

경관, 공간에 남은 삶의 흔적
ⓒ 정기호, 2014

초판 1쇄 펴낸날 2014년 6월 20일
지은이 정기호
펴낸이 이상희
펴낸곳 도서출판 집
디자인 땡스북스 스튜디오

출판등록 2013년 5월 7일 105-91-82514
주소 서울 마포구 동교로 47-15 402호
전화 02-6052-7013
팩스 02-6499-3049
이메일 zippub@naver.com

ISBN 979-11-952334-1-0 03610

• 잘못 만들어진 책은 바꿔드립니다.
• 책값은 뒤표지에 쓰여 있습니다.

• 이 도서의 국립중앙도서관 출판예정도서목록(CIP)은 서지정보유통지원시스템
  홈페이지(http://seoji.nl.go.kr)와 국가자료공동목록시스템(http://www.nl.go.kr/kolisnet)에서
  이용하실 수 있습니다. (CIP제어번호 : CIP2014017233)

경관,
공간에 남은
삶의 흔적

정기호 지음

집

차례

유학시절 독일의 지도 교수님과 24시간 밀착 동행해 우리나라의 전통 마을과 전통 건축을 찾아다닌 적이 있습니다. 교수님께 안내하고 설명해 드렸다기보다는 교수님으로부터 우리나라의 전통문화를 보는 시각과 가르침을 받은 시간이었습니다. 이 글은 당시 보름간의 이야기입니다.

교수님 연구실에 있는 동안은 어떻게 우리 문화를 외국인에게 제대로 전달할 수 있을지 고민해 보는 시간이었습니다. 우리 전통문화를 돌아볼 기회였습니다.

우리 전통 건축의 특징을 한마디로 정의할 수 있을까?

결론은 우리가 알고 우리끼리만 이해하는 방식이나 콘텐츠로는 가능하지 않다는 것이었습니다.

우리 전통 마을에서 보이는 한국적 특성은 무엇일까?

석사 과정부터 줄곧 고민한 문제입니다. 답을 찾기 위해 저는 너무 진지하게 그리고 지나치게 의미를 부여하는데 공을 들였습니다. 그냥 있는 그대로 그만큼을 가지고 이야기하고 보면 무척 간단하고 명료한데 말입니다.

고궁의 정전과 내전을 비롯해 각기 다른 역할을 가진 전각들, 전통 마을에서 만나는 고택과 정자…. 이들은 그 자리에 저 혼자 있었던 게 아닙니다. 건축을 둘러싸고 있는 외부환경과 매우 밀접하게 관계 맺고 있습니다. 우리는 이것을 '경관'이라고 합니다. 안대한 산과 배면한 산 그리고 흐르는 강과 송림을 스치며 지나가는 바람 소리와 함께 지붕 없을 네 기둥 놓을 자리만 차지하며 주변과 함께하고 있었던 것입니다. 그렇기 때문에 우리의 전통 건축은 경관으로 다가가야 한다는 생각입니다.

1970년대와 1980년대, 건설 붐이 일던 시절에는 댐 건설이나 개발을 위해 수몰되어야 하거나 개발이 예정되어 있는 곳의 중요한 문화재들을 그 모습 그대로 안전한 곳에 옮겨놓곤 했습니다. 문화재 보존 차원에서 많은 돈과 노력을 들인 겁니다만 몸은 빠져 나왔는데 정신은 거기 두고 온 셈입니다.

교수님께서는 우리 전통 마을에서 보이는 한국적 특성보다 우리나라에서 인상적인 장면에 더 관심을 두셨던 것 같습니다. 석사과정부터 고민했던 과제를 다시 끄집어내 답을 찾기 위해 우리 전통 건축이 가지고 있는 건축적 특성을 찾아내려는 게 아니라 우리가 가지고 있는 인상적인 것들을 차분히 찾아내고 모아 보는 일을 시작하게 되지 않을까 싶습니다.

이 책에서는 교수님의 사진에 담긴 교수님의 이야기를 끄집어내려 했습니다. 교수님과 나눈 이야기들을 되짚어 보니 모두 한국의 인상적인 것들에 대한 그저 평범하고 쉬운 내용들이었습니다. 그런데 정리해 보니, 우리 전통 건축은 무엇인지, 우리 전통 건축이 소담히 담고 있던 것들은 무엇인지, 그것들이 모두 어디서 비롯되고 있는지 생각하게 하는 것들입니다. 교수님은 그런 답을 해야 하는 것들에 대해 궁금해 하고 계셨던 겁니다.

일단 사진의 장소를 찾아내는 일부터 시작했습니다. 생각 외로 오랜 시간이 걸렸습니다. 어떤 장소는 기억이 생생해 작업이 수월했지만, 장소조차 분명하지 않은 것들이 의외로 많았습니다. 기억의 한계도 한계지만 어렵사리 장소를 확인하고 나면 마치 조금 전에 들은 이야기인 것처럼 기억들이 떠오르는 겁니다.

처음 이걸 시작할 때는 거저먹는 일로 생각했습니다. 사진을 설명하고 거기서 있었던 일들을 기억해 내며 있는 그대로 손 가는 대로 서술하면 되겠다고 생각했습니다. 교수님의 사진은 모두 준비된 상태였고, 사진의 장소는 이미 내 머리에 다 입력되어 있으며, 평소 교수님의 이론, 건축관 그리고 사진에 담긴 교수님의 생각을 나만큼 잘 알 사람도 없다고 단정했기 때문입니다. 그 단정. 크게 틀린 것도 아닌데, 참 부지런히 찾아다니고 기록했음에도 3년이 넘어 갔습니다.

교수님과 동행했던 이야기들이다 보니 그럴 수밖에 없겠다 싶지만 막상 탈고를 하고 보니, 교수님은 어떻고, 교수님께 뭐라고 말씀드리는데, … 온통 교수님과의 대화밖에 보이지 않습니다.

나와 교수님의 개인적인 관계를 넘어 우리 전통 건축과 전통문화를 바라보는 외국인의 객관적 시선입니다. 1980년대 우리의 일상과 조선시대부터 있어 온 우리의 전통 경관에 현재의 우리 모습을 겹쳐 보면 그간 우리가 어떻게 달라졌는지에 대한 이야기일 수도 있습니다. 간간이 건축과 경관 분야에서 다루어지는 의장이나 계획 이론들이 양념처럼 들어 있어서 전통 건축과 경관을 아우르는 시각도 없지 않습니다.

경관을 전공하고 있는 입장에서 보면, 경관론에서 중요하게 다루는 것은 경관의 변화입니다. 경관은 공간에 남은 삶의 흔적입니다. 경관은 우리 일상 환경의 변화, 특히 시간의 흐름에 따라 변합니다. 역사적·전통적 대상에서 그들의 변화를 찾아가 보는 일은 그래서 참 매력 있는 일입니다.

사진에 담겨 있거나 사진의 장소에 이르기까지 뒷이야기도 소홀히 하지 않으려 했습니다. 그러다보니 사진 한 장에 깊이 들어간 이야기도 있습니다. '사진에 붙인 기억나는 이야기'들이라 여겨 주시면 좋겠습니다.

이 책은 독일인 교수님의 사진을 통해 들여다 본 1980년대 우리의 이야기이며, 오늘날 우리에게 다가오는 우리의 '지난 옛이야기'입니다.

란트체텔 교수님과의 만남

독일에서 묵직한 소포가 왔다. 1986년 초, 지도 교수님을 모시고 서울과 경주, 안동지방으로 우리의 전통 건축과 전통 마을을 찾아다니던 때 교수님께서 찍으신 슬라이드 필름들이다. 사모님께서 보내신 거다. 한국에서 촬영한 것으로 보이는데 내게 필요하리란 생각이 들어 일부를 보낸다는 편지도 들어 있다. 나머지도 필요하다면 보내겠노라 쓰여 있다.

　두 차례에 걸쳐 받은 슬라이드 필름은 모두 350매 가량이다. 35mm 필름이 아니라 핫셀블러드 6×6의 60mm 필름인데다가 각 필름을 끼우는 틀은 유리로 덮여 있어서 무게가 만만치 않다. 하회, 양동, 매곡마을 촬영한 것을 먼저 받고 이어서 서울의 창덕궁과 경복궁, 종묘, 수원 화성과 경주 일원의 사진을 받았다. 경복궁을 제외하면 모두 세계문화유산에 등재되었다. 우연히, 아주 우연히 예견이나 한 듯 겹쳐져 있다.

　하노버대학교 건축과의 빌헬름 란트체텔 교수님과의 인연은 1984년 가을에 시작되었다. 1982년 대학원을 마치고 대학원 연구소에서 연구원으로 일하다가 독일로 유학을 떠났다. 하이델베르크에서 1년간 어학코스를 마치고 남부의 칼스루에대학교 건축과에서 한 학기를 보내던 중 교수님께 서신을 내고 연구실로 찾아가 뵙게 되었다. 교수님은 학생들 사이에서 '네

트nett'한 분이셨다. 권위적이지 않으면서 자상하고 친근한, 말하자면 '젠틀'한 분이다. 짐짓 전혀 예측할 수 없는 특이한 발상을 하는 경우가 있는데 건축가 특유의 엉뚱함 혹은 독창적인 발상이었을 것이다.

논문 심사가 끝나고 출판을 위해 타이핑을 하고 책의 규격이며 표지를 어떻게 할지 준비할 즈음이었다. 느닷없이 '산수山水'를 붓글씨로 써 보라고 하셨다. 내 논문에서 언급한 '경관'은 '산수'와 연관시킬 수 있는 개념이기에 그러신가 생각했다. 국민학교 습자 시간에는 붓글씨 곧잘 쓴다는 칭찬을 받았지만 이후 서예를 제대로 한 적도 없거니와 당장 붓도 먹도 벼루도 없는 상황이었다. 어떻게 꾀를 내어 A4 종이에 '山水'를 멋지게 써 드리곤 그 일을 완전히 잊고 있었다. 그런데 내 논문 표지에 큼지막하게 '山水' 두 글자가 박혀 있는 것이 아닌가.

내 논문은 자비 출판이 아닌 연구소에서 출판하기로 되어 있었다. 개인적으로는 출판 비용을 줄일 수 있다는 경제적 문제 이상으로 의미를 부여할 수 있는 일이다. 연구소에서 논문을 출판하는 것은 드문 경우로 알고 있다. 독일 대학에서는 입학식이나 졸업식, 학위 수여식이란 게 없다. 논문 심사를 끝내고 논문을 출판해 도서관에 일정 부수를 제출하면 학위증이 나온다. 연구소 출판이 약속되면 그 모든 절차가 연구소 소관이 되어 진행된다. 그래서 이론상으로 보자면 본인이 직접 나서지 않아도 된다. 때마침 나는 급히 귀국을 해야 했다. 경제적으로 여유가 없었지만 그간 미뤄 두었던 유럽 여행도 하고 싶었는데, 논문이 출판되는 것조차 기다리지 못하고 급히 귀국을 했다. ISSN을 받은 연구소 정기간행물로 출판된 학위논문 다섯 권을 한국에서 학위증과 함께 우편으로 받았다. 연구실 비서가 보낸 상당한 금액의 청구서와 함께. 내 학위논문을 내가 산 것이다.

전통문화 소개하기

교수님은 70세가 되기 전인 1995년에 돌아가셨다. 사모님으로부터 교수님께서 돌아 가셨으며 장례를 치렀다는 사후 부고를 받았다. 은퇴하신 지 5

년 정도 되었지만, 여전히 연구와 프로젝트를 진행하셨다. 특히 통일 직전부터 동독과 공동으로 동독의 농촌 환경 개선 사업 연구지원 프로젝트를 수행하셨는데 나도 동참해 엿보기라도 할 생각으로 연구년을 받아 교환교수로 가려고 절차를 진행하고 있었다. 편찮으시다는 소식을 받은 적도 없고, 사고도 아니었는데 갑자기 이게 무슨 일인가 했다. 동봉한 사모님의 편지에는 내 교환교수 초빙 관계는 연구소 후임교수께 위임해 두었다는 이야기도 쓰여 있었다.

교수님의 농촌건축연구실은 농촌마을의 환경 개선 계획을 주 업무로 한다. 여기서 농촌은 도시 외 지역을 뜻한다. 도시 외 지역의 환경 개선 계획에서는 그 지역의 향토문화와 역사적 환경이 중요한 바탕이 되고 있어 연구실의 관심 분야는 농촌지역의 역사 건축과 이들이 속한 광활한 자연 및 인문경관을 아우르는 전통 경관 연구에 있다. 우리나라의 전통 경관, 특히 고택과 전통 마을의 경관을 역사적·인문학적 시각으로 들여다보려는 내 관심사뿐 아니라 건축과 조경을 한데 아우르는 적절한 조합이 나와 잘 어울렸다. 란트체텔 교수님도 그런 내 주제를 무척 흥미롭게 여기셨다.

연구실에 들어간 이듬해인 1985년 겨울, 학기가 거의 끝나던 즈음에 교수님은 "방학 동안에 우리나라를 방문할 생각인데 언제든 내가 집에 다니러 갈 일이 있으면 그때 동행하고 싶다."는 말씀을 하셨다.

"교수님, 그렇잖아도 내년이 아버지 60번째 생신이라 집에 다녀올 계획입니다. 60번째 생일은, 한국에서는 '회갑을 맞는다'고 해 각별히 여깁니다. 교수님은 제 아버지와 동갑이시니 내년에 회갑을 맞으시는 겁니다. 내년 초는 어떠십니까?"

교수님께 우리의 60번째 생일이 어떤 의미인지 간단히 설명해 드렸다. 소소한 것일지라도 다른 문화권의 사람에게 우리의 전통문화를 제대로 잘 전달하기 위해서는 먼저 문화적 배경에 대한 설명이 필요하다. 교수님께 말씀드린 것보다 조금 더 구체적인 설명이 필요하다면, 60번째 생일을 중요시하는 관습의 배경을 이야기하면 된다. 즉 육십갑자六十甲子를 통해 셈하는 일종의 60진법으로 계산되는 기념일이다. 우리 관습에서 60진법이 어떻게 적용되는지 설명해야 한다면, 간지干支를 들먹이며 조금 깊이 전통문화 속으로 들어가야 한다. 매년 그 해를 일컫는 이름이 있는데 열두 개의 지支와 열 개의 간干에서 각각 하나씩 순서에 따라 끄집어낸 조합으로 한 해의 이름을 만든다. 이들 간지의 조합에서 모두 60가지 경우의 수가 나온다. 이렇게 되면 누구나 자신이 태어난 해의 간지의 조합으로 일컬어지는 특정 연도와 함께 하게 되고 그 해를 자신의 생년으로 삼는다. 예를 들어 내 생년은 1952년이니 임진년壬辰年이다. 누군가와 통성명을 할 때 "임진생壬辰生 아무개"라 하면 나이와 이름을 한 번에 밝히는 것이 된다. 간지의 조합이 한 바퀴 돌아서 원래 시작되었던 해, 즉 60세가 되는 해는 원래 태어난 해의 그 이름인 임진년이 되고 그 사람에게는 새로 시작하는 해라는 의미가 된다. 2012년이 임진년이니 나는 2012년에 60세가 되었다. 이런 설명이면 충분하다. 여기에 예전 평균 수명이 짧던 전통사회에서 60세를 맞는다는 것은 쉽지 않았기에 60세를 맞는 생일은 성대하고 뜻 깊은 것으로 행사되어 왔다는 정도의 해설이 더해지면 금상첨화일 것이다. 그리고 요즘 회갑을 별도로 기념하지 않게 된 것도 평균 수명이 길어진 것과 관련해 보면 아주 자연스럽게 이해될 것이다. 우리의 전통문화가 중요할수록 차근히 욕심내지 않고 점차적으로 조금씩 다가가는 게 필요하다는 생각이다.

교수님께 우리의 전통 경관을 전달하기 위해서 수많은 용어와 개념들을 풀어 설명해야 했다. 우리에게는 지극히 당연하고 간단한 것이라도 우리의 전통적인 관습들이 하나하나 철저하게 풀어 헤쳐져야 했다. 평소에 생각하지 않던 기본 개념에서부터 하나씩 되짚어 보지 않을 수 없었다. 교수님을 처음 뵐 때부터 우리 전통문화와 관련된 면담 주제는 '풍수'였다. 처음 한두 번의 만남에서는 어차피 개관이었으니 그런대로 별다른 문제가 없었지만 본격적으로 설명하는 단계에 이르러서는 풍습이나 관습 그리고 외형적으로 나타나는 이론 및 방법적인 특징을 설명하는 것만으로 충분하지 않았다. 그런 문화 현상이 형성된 근원과 배경을 바탕으로 한 여러 설명이 덧붙여야 했다. 철저히 풍수의 기초 개념에서부터 되짚어 갈 수밖에 없었는데, 결과적으로 그 일은 풍수의 근원부터 탄탄한 기초를 다지는 것뿐 아니라 근본적으로 되돌아보게 된 계기가 되었다. 교수님께 설명해 드릴 때는 객관화할 수 있는 한도에서 신비주의로 포장된 술수가 아닌 오늘날의 시각 내지 학문과 일상 환경으로 바라보는 범위를 벗어나지 않으려 했다. 그 결과 나는 풍수의 개념을 기초부터 제대로 이해하게 되었고 이후 풍수를 이야기하지 않았다. 그냥 나의 '전통 경관론'이었기 때문이다.

교수님께서 우리나라에 오신 건 1986년, 아직 봄이 오기 전 늦겨울이었다.

준비

조망 장소 찾기

서울 시내 첫 출사는 예전에 살던 동네인 마포로 잡았다.

공덕역에서 내렸다. 공덕동 로터리까지는 잘 왔는데 거기서 길을 잃었다. 방향도 잃고 내가 어디 있는지도 모르겠다. 철길이 없어지고 철교 굴다리도 없어진 데다 사방에 고층빌딩이 우후죽순처럼 솟아올라 있어서 단번에 동서남북을 잡아내는 건 무리다. 한참을 두리번거리다 겨우 여의도로 이어지는 방향을 짐작했다.

염리동 내가 살던 동네는 재개발되어 예전 모습을 짐작할 수가 없었다. 염리동에 살기 이전에 살았던 동네인 청암동을 찾아가는 것은 더욱 쉽지 않았다. 몇 차례 잘못 든 길을 되돌아 나오기를 반복한 후에야 제대로 길을 찾아 들었다. 완만하게 경사진 길을 따라 한참을 오르는데 길 양쪽으로는 2~3층 정도의 집들이 다닥다닥 붙어 있지만 그리 옹색하지 않다. 달동네 같은 분위기가 사람 사는 맛을 물씬 풍기며 예전의 모습이 조금은 남아 있는 것 같지만 낯설기는 마찬가지다.

완만하게 오르막이 되던 길이 크게 휘어드는 즈음에 이르러 길은 가팔라진다. 저 고갯길을 넘어서면 다시 급한 내리막의 기슭이 되어 곧바로 한강 쪽으로 벼랑을 이룬다. 강변도로를 앞에 두고 한강과 여의도 그리고

여의도로 이어지는 마포대교로 진입하기 전 마포대로의 1986년 모습(위)과 현재(아래).
가로수가 많이 자랐고 인도가 넓어졌다. 고층빌딩들은 외장이 바뀌었지만 지금도 그
모습으로 여전하다.

한강 그 너머에 여의도 또 그 너머에 관악산이 있다.

옛날 집 뒤의 언덕이던 자리에는 현재 아파트 단지가 들어섰고 거의 그 자리에 해당되는
곳은 높은 축대 위에 인공지반이 되어 있다. 예전 동네와 강변도로는 보이지 않지만 한강과
여의도의 광경은 그대로다.

그 너머의 원경이 한눈에 펼쳐졌다. 한강변의 급한 사면 기슭에 산동네 작은 집들이 모여 있었다. 청암동 기슭의 산동네다.

옛 기억을 더듬어 가기에 오랜 세월이 지났나 보다. 고갯길에 이르는 일대는 많이 변했다. 양쪽으로는 대단위 아파트 단지를 건설하느라 엄청난 옹벽을 만들어 놓아 삭막하기 이를 데 없다. 청암동 집은 흔적도 없고, 집 뒤 언덕이던 자리에는 아파트 단지가 들어섰다. 아파트 단지가 들어서면서 언덕바지 일대의 지형이 바뀌고 동네 자체가 크게 달라져 옛날 동네는 짐작하기조차 어렵다.

한강 쪽으로 시야가 막혀 사진의 장면을 애써 맞춰 보려 해도 도저히 시점을 확보할 수 없다. 지하주차장의 벽체를 겸해 높게 축대를 쌓고 그 위에 아파트 단지를 세웠는데, 거기 아파트 테라스에서라면 좀 더 좋은 각을 잡을 수 있을 것 같다. 아파트 쪽으로 돌아올라 갔다. 아파트 입구는 차단 장치를 설치해 경비실 앞으로 사람 하나 겨우 지나 갈 만큼 열어 두었다. 경비실을 지키고 있는 젊은이로부터 외부인 출입이 불가능하다며 제지를 받았다. 외부 사람의 출입을 철저히 통제하는 아파트란다. 요즘 새로 생기는 아파트들은 카드 없이 현관 출입이 안 된다는 것은 알고 있었지만, 이 아파트에서는 아예 단지 출입문에서부터 원천봉쇄가 된다. 젊은 친구한테 구차하게 사정하는 것이 썩 내키지 않아 그냥 포기할까 했다. 그래도 혹시나 해서 사정을 이야기했다. 한강 쪽으로 사진을 하나 찍어야 하는데, 저 아래에서는 시야가 막혀 사진이 나오지 않는다. 이 단지 테라스 끝에서 사진 한 장만 찍으면 안 되겠느냐? 젊은이는 난감해 했으나 아랑곳하지 않고 몇 차례 사정을 더한 끝에 사진만 찍고 바로 나오시라는 허락을 받아냈다. 주민 눈에 띄지 않게 주의해 달라며 경비 총각은 누누이 당부한다.

혹 남의 눈에 띌까 공연히 마음이 급해진다. 아파트 주민의 눈에 띄지 않게 급히, 그러면서도 최대한 살며시 아파트를 돌아서 전면의 테라스 쪽으로 서둘러갔다. 생각보다 좋은 시점장視點場이 형성되어 있다. 아파트 앞쪽 테라스는 축대 위에 올라와 있어서 앞쪽의 다른 집이나 다른 아파트의 방해 없이 훤히 열려 있다. 약간 눈높이는 달라졌지만 옛날 집 뒤 언덕 빈터에서 한강 쪽을 바라보던 그 광경이 거의 그대로다. 조금 더 머물며 여유를 가지고 옛 기억을 더듬어보고 싶지만, 서둘러 자리를 벗어났다. 그리고 경비실의 그 젊은이에게도 가능한 한 최대한 밝고 환한 표정으로 목례를 하며 단지를 빠져 나왔다.

　　돌아 나오는 데, 길 양 옆으로 눈에 띄지 않던 것들이 들어온다. 하나씩 들어온다. 옛날 연탄재와 생활쓰레기를 내놓았던 길가에는 자동차나 오토바이가 세워져 있고 연탄가게, 쌀가게 그리고 옹기종기 모여 있던 가정집들은 작은 공방 같은 분위기로 장식해 놓은 예쁜 찻집이 되어 있다.

사진 속 장소 찾기

사진 속 장소를 찾아내는 일은 생각보다 어려웠다. 주변이 너무 변해 버렸다든지 사진에 담긴 장소 자체가 사라져 버렸다든지 하는 건 불가항력이지만 뭔가 확신을 가질 수 있는 데 도무지 기억이 나지 않는 경우는 어쩔 방도가 없다. 그간 대부분은 가물거리는 기억을 더듬어 어렵사리 장소를 찾아냈지만 끝까지 찾아내지 못하고 있던 몇 군데 중 마지막 남은 한 곳, 지금 그 언저리에 와서 조금씩 범위를 좁혀 보는 중이다.

　　솔직히 옛 사진의 장소를 찾아내는 것, 각 장소에서 귀담아 들었던 교수님의 말씀을 기억해 내는 것, 이 모든 일에 대해 처음에는 자신만만했다. 교수님에 대해서 나만큼 잘 아는 사람이 있겠으며, 24시간 밀착된 여행이었으니 그의 사진이나 사진 속 장소 그리고 그곳에서 주고받은 이야기를 나만큼 잘 아는 사람이 있겠느냐는 생각이었다. 하지만 날이 갈수록 자신감이 줄어들었다.

　　일을 시작할 땐 교수님의 사진을 일일이 현재의 장면에 맞춰 사진 촬영한 장소는 물론이고 눈높이나 각도에서 한 치의 틀림도 없이 정확히 재현한 기록사진을 만들어 낼 작정이었다. 워낙 그런 일을 오래 전부터 해 온 터이기에 전혀 문제될 게 없다고 생각했다. 그런데 오히려 그게 큰 짐이 되어 일의 진행을 더디게 하고 있었다. 내가 해야 할 일이 뭔지, 어디서부터 시작해 어디까지를 끄집어내야 할지, 판단이 잘 서지 않았던 것이다. 나를 도와 길동무도 되고 사진 찍는 일도 도와 준 동행이 있었는데, 무엇보다 교수님 사진을 통해 그분이 받은 인상, 사진으로 나타내 보이는 이야기를 살펴내 보는 것이 중요하지 않겠느냐, 그분의 눈에 보인 우리의 전통과 역사적 경관은 어떤 것이었을지 또한 그분에게 인상 깊게 든 내용이 뭔지 알아내는 일이 중요하지 않겠느냐고 조언해 주었다. 일단은 교수님 사진과 지금의 경관을 일일이 비교하는 데 집착하지 않거나 그 비중을 좀 줄여서 원래의 중요한 부분, 교수님으로부터 들은 이야기, 둘이 나누었던 이야기, 그리고 그 이야기가 있었던 장소 살피기에 집중하는 게 어떻겠느냐는 거다.

소화아동병원, 기억 저편의 장소

교수님의 카메라는 35mm 필름을 쓰는 일반 카메라가 아니라 6×6의 60mm 필름의 핫셀블러드였다. 물론 슬라이드 필름을 사용하셨다. 싱가포르를 경유해 오시면서 필름을 상당히 사용하신 모양이었다. 필름 구입할 곳을 찾아 봤으면 좋겠다고 하시는데 참 막막했다. 당시 우리나라에서는 슬라이드 필름을 사용하는 사람이 많지 않았다. 35mm라 해도 슬라이드 필름을 살 수 있는 곳이 흔치 않았는데, 핫셀블러드 카메라에 쓸 슬라이드 필름을 찾는 건 거의 불가능했다. 필름 없이 해야 하는 여행, 여행의 기록을 남길 수 없게 된다는 초유의 사태가 벌어진다. 물론 일반 카메라로 대신할 수야 있지만, 그간 모든 강의에서 사용하셨던 6×6용 슬라이드 프로젝터에 우리나라를 소개하는 사진을 걸 수 없게 된다는 걸 뜻했다.

슬라이드 필름을 구하기 위해 수소문하랴 찾아다니랴 하며 동분서주했다. 이른 아침부터 마포일대의 사진관을 뒤지다가, 당시 서울에서 가장 규모가 큰 필름전문점이었던 광교의 코닥 대리점을 떠올렸다. 필름에 관한 한 거기라면 모든 걸 갖추고 있지 않을까. 실낱같은 희망을 걸어 보았다. 거기에도 없다면 국내에서는 절대 구할 수 없으리라. 전화를 해 보았다. "이럴

언덕 위에 올라선 교회와 그 아래 집들이 들어선 모습을 교수님은 특이하게 보셨다.

수가!" 있단다. 물량도 넉넉하단다. 그 길로 교수님을 모시고 달려갔다. 코닥 대리점에서 교수님은 필름을 거의 사재기하셨다. 대리점은 보신각 네거리에서 광교 쪽으로 을지로 입구 어디엔가 있던 걸로 기억한다.

사진마다 분류번호가 매겨 있어 장소를 추정하는 데 상당한 도움이 되었다. kor-1, kor-2, … 처럼 'kor-번호'는 슬라이드 필름 틀의 왼쪽 아래에 적혀 있고, 위쪽에는 Suwon-001, Suwon-002, … 처럼 '지명-번호'가 적혀 있다. 사진마다 매겨 있는 번호는 촬영 순서와 일치하는 것 같다. 이 번호는 사진의 장소를 기억해 낼 수 있는 중요한 단서가 된다.

실제로 번호의 순서는 답사하던 순서를 따라가게 해 주는 비밀코드 역할을 해 주었다. 사진의 일련번호를 따라 가면서 가물거리던 기억 그리고 불명확했던 것들을 수월하게 해결할 수 있었다. 그런데 마지막까지 장소를 기억해 내지도 찾아내지도 못하고 있는 사진이 하나 있었다. 일련번호 순서로는 마포와 남대문 일대의 사진들 사이인데, 아마 마포 염리동에서 만리재를 넘어 남대문과 광화문으로 이동하는 사이 어디쯤일 것이다. 고궁이나 남산 같은 곳을 갔다가 마포 집으로 돌아오던 길목에서 눈이 마주친 곳인 것도 같다. 언덕 정상에 교회가 있고 그 아래로 집들이 다닥다닥 들어붙은 산동네.

서울역에서 청파동 쪽으로 나오는 곳을 사람들은 서부역이라 불렀다. 그저 서쪽 출구란 정도의 의미 외에 별다른 의미는 없어 보이지만 여전히 서부역으로 부르고 있다. 서부역 쪽으로 나와 보니 거대한 벽이 눈앞을 가린다. 청파동 일대의 길게 뻗어난 산 위로 거대한 고층아파트들이 서쪽 하늘을 온통 가려 놓았다. 조금 남쪽으로 시선을 옮겨 보면 옛날의 오두막 같은(워낙 아파트의 거대한 벽에 눌린 끝이라 그렇게 보인다) 산동네 집들로 채워진 소담한 모습의 산봉우리가 아름답다. 서부역 출구 높은 테라스에서 청파동 쪽으로 바라보이는 여러 봉우리들, 사진에 담긴 장면은 그중 한 봉우리에 초점을 맞춘 것처럼 보이지만 확신이 서지 않는다.

"사진 속에서 말없이 눈짓하는 저 동네, 흡사해 보이기는 한데 …."

수평거리로 보아서는 서부역 테라스보다 가까운 곳이고, 눈높이로 보아서는 평지보다는 훨씬 높은 곳에서 촬영했다. 예전의 서부역 주변에 고층건물이 없었다는 점을 생각하면, 이 부근에서 그럴만한 시점장을 찾아내기는 어려울 것 같다. 서부역 건너편의 동네를 한 바퀴 돌며 찾아보지만 역시 아무런 단서도 잡히지 않는다. 서부역으로 돌아와 원점에서 다시 시작했다. 그나마 서부역 일대에서 꽤 높은 시점을 확보할 수 있는 곳으로 소화아동병원이 있다. 소화아동병원은 1980년대 초까지 남대문 근처 태평로에 있으면서 아동전용병원으로 유명했다. 그후 서부역 쪽 지금의 자리로 옮겨 왔다. 교수님과 답사 다니던 1986년이라면 이곳 서부역 앞으로 옮겨 오고 난 뒤다. 고려해 볼 만한 여지가 있기는 하다만 그깟 사진 한 장 때문에 굳이 병원까지 올라갔을까? 그랬을 것 같지는 않다. 문제는 나에게 있었다. 바로 그 앞에 섰는데 이리도 기억이 안 날 수 있을까?

　　잠깐 들어가 보기나 하자는 생각에 조심스럽게 병원에 들어섰다. 사방이 막힌 벽으로 병원시설이 빙 둘러 서 있다. 한 층 한 층 조심조심 올라가보지만 각층마다 복도 쪽으로 병실이 가득하고, 좁은 복도 끝에 겨우 바깥을 조금 내다볼 수 있을 정도로 작은 창이 하나 뚫려 있다. 병실마다 귀여운 어린 환자들이 있는데 표정이 밝다.

　　아무려나 병실 안까지 들어가셨을까? 혹 병실 안이 그 장소라면 나는 거기서 사진 찍는 걸 포기하고 말련다. 병실 안까지 들어가 볼 수는 없다. 복도 끝 좁은 벽으로 손바닥만 한 창이 나 있어 별 생각 없이 복도 끝으로 다가가 보았다. 그런데 사진과 꼭 닮은 장면이 들어오는 게 아닌가.

　　그런데 문제는 이제부터다. 사진은 바로 여기가 그걸 찍은 장소임을 이야기해 주고 있는데, 나는 올라왔던 기억이 나지 않는다. 창에는 방충망이 고정되어 있어 깨끗한 화면의 사진을 만들어 낼 수 없지만 그래도 몇 컷을 찍으면서 기억의 실마리를 잡는 데 집중했다. 그렇게 현장을 확인하고 한참을 씨름하고서야 망각 저 너머로부터 희미하게 떠오르는 게 있다.

　　교수님은 언덕 위에 올라선 교회를 특이하게 보고 계셨다. 건축적으로나 도시경관적으로, 그것도 전통문화 속에 깊이 뿌리 내린 기독교 문화권이 아닌 터에 어찌 저런 독특한 경관이 만들어질 수 있나? 그 연유와 무관하게 형이하학적으로는 틀림없이 또렷한 경관 장면의 한 사례가 되기 때문에 심혈을 기울여 사진 한 컷 자료를 만들어 두고 싶어 하셨다. 그러나 주변 어디도 좋은 시점장이 되어 주지 못했다. 고심 끝에 저기(소화아동병원에) 좀 올라 가봤으면 좋겠다고 하셔서 병원 관계자에게 양해를 얻고 옥상까지 갔다가 내려와 3층 병실 복도 끝의 작은 창에서 이 한 컷을 만든 거였다.

서울

청암동

1980년대 중반 우리나라는 국민소득 10,000불을 지상의 목표로 삼고 있었다. 언젠가 온다는 국민소득 10,000불 시대, 정말 우리가 거기 도달할 수 있을까? 반신반의하던 시절이었다. 아시안 게임이 임박했고, 1988년 올림픽 개최도 예정되어 있어서 나라 전체가 들떠 있었다. 교수님을 미국 사람으로 여겨 영어로 말을 걸면서 뭔가 한마디라도 이야기하고파 했던 사람들이 적지 않았다. 세계화 시대가 열리는 기운을 막 피부로 느끼기 시작하고 해외여행이 자유로워지면서 외국인과 커뮤니케이션의 필요성을 절대적으로 느끼기 시작하던 즈음이다.

집 앞에는 외국인 손님을 모시기에 부끄럽지 않을 수준의 마포 가든호텔이 있지만, 여행 경비도 절약하고 우리네 중류사회의 삶이 어떤지 보여 드릴 뿐 아니라 온 정성을 다한다는 인상을 드리기 위해서도 "이게 가장 좋다"고 하신 어머니의 권에 따라, 서울에 머무는 며칠 동안 동생네가 비워 준 아파트에서 지냈다. 교수님은 거실 겸 방으로 쓸 수 있는 남향의 따뜻하고 밝은 방을 깨끗이 정돈해 주무시게 하고 나는 문간방을 썼다. 내가 독일 가기 전에 살던 곳이었다.

교수님과 24시간 밀착 동행이 시작되었다.

27

교수님을 모시고 처음 찾아간 곳은 집에서 멀지 않은 청암동 산동네였다. 교수님을 모시고 가는 결심을 하기까지는 상당한 용기가 필요했다. 아무리 우리의 솔직한 모습을 보여 드린다고 하지만 너무 수준이 떨어지는 가난한 동네로 모시고 가는 건 아닌가 싶었다. 무엇보다도 얼마 전까지 내가 살던 곳이라 망설이지 않을 수 없었다. 없이 살던 내 모습을 보여 드리는 것이 마음에 걸렸다. 일종의 자격지심이었을 거다. 그럼에도 교수님을 모시고 청암동으로 간 나름의 이유가 있었다. 시차 적응을 겸해서 일종의 현지 적응 시간을 드리며 1980년대 우리 도시의 단면을 가장 잘 볼 수 있는 곳이라 생각했기 때문이다. 청암동은 마포대로 가든호텔 인근의 잘 사는 동네와 바로 그 뒷동네의 가난한 동네가 공존하는 지역이다. 이 두 곳을 두루 살피면서 현재 우리 삶의 한 단면을 보여 드리겠다는 생각이었다.

교수님을 모시고 마포대로를 지나 호텔 뒷길로 난 완만한 오르막길에 접어들었다. 가는 내내 조금씩 어깨가 오그라들고 있었다. 열악한 환경의 산동네가 펼쳐지고 집집마다 내놓은 연탄재를 비롯해 온갖 일상 쓰레기가 유독 눈에 들어왔다. 결벽에 가까울 정도로 깨끗하고 청결한 독일의 동네가 자꾸 겹쳐졌다. 결국 여기는 오는 게 아니었나 하며 후회하고 있었다.

대학 졸업반 시절을 보낸 옛날 살던 집 뒷담에 이르렀다. 대학을 마치고 군복무를 마치기 전에 신촌 쪽으로 이사했다. 그렇게 이 동네를 떠난 지 거의 십 년 만에 와 보았지만 변한 건 하나도 없었다. 식구들 몰래 집으로 들어가기 위해 뒷담 쪽으로 돌아가, 30센티미터도 채 안 되는 울타리를 넘어서 장독대로 내려설 수 있었던 그 집. 마루든 뒷담이든 집안 어디서나 볼 수 있었던 유유히 흐르는 한강과 멀리 여의도 아파트 단지까지 그 모양 그대로 지키고 있었다.

여기 살던 때가 우리 가족에게는 참 어려운 시절이었지만 나 개인적으로는 편안하고 행복했던 시절이었다. 교수님께는 이곳에서 만나는 생활 환경 하나하나가 1970년대 후반을 기준으로 본 서울의 보편적인 서민들의 삶이며 염리동 아파트, 마포대로, 그리고 여기에 오기까지의 모습은 1980

년대 들어 급성장해 가는 우리의 모습이라고 설명해 드렸다. 아파트 문화가 우리 일상 깊숙이 형성되던 시점의 이야기다.

청암동 우리 집은 철 대문을 열고 들어가면 왼쪽으로 손바닥만 한 마당이 있고 오른쪽으로 자그마한 집이 있는 구조였다. 작은 마루가 있고 마루를 둘러서 작은 방이 셋 있었다. 마루에 연이어 좁은 덧댄 마루가 있던 곳에 창을 달아 조금 넓은 마루방이 되도록 개조해 보금자리가 되기에 부족함이 없었다. 무엇보다 마루에서 창밖을 내다보면 한강을 바라볼 수 있어서 좋았다. 집안으로 들어가 보지는 않았다. 굳이 주인에게 양해를 구하면서까지 집안으로 들어갈 필요는 없었다. 문을 열고 들어갈 필요도 없이, 그냥 타 넘고 들락거렸던 그 담장 뒤 언덕, 한강과 여의도의 광활한 전경이 한눈에 들어오는 그곳에 서서 교수님께 우리나라의 여러 이야기들을 전했다. 사실 그때는 거기 있는지도 모르고 지냈지만, 한강과 그 너머 여의도 또 그 너머에 관악산이 있다.

청암동에서 잠시 시간을 보내고 떠날 때 교수님은 "한국 사람들은 나무를 참으로 아끼고 사랑하는 모양"이라고 하셨다. 비록 집 규모가 작고 마당 역시 넓거나 훌륭한 것은 아닌데 나무 한 그루씩 키우지 않는 집들을 거의 보지 못하셨다는 거다. 그제야 집집마다 최소한 한 그루 정도의 나무가 있다는 사실을 인식할 수 있었다. 대부분 감나무였다. 감나무 한 그루 정도 가지고 자연을 사랑하느니 나무를 소중히 여기느니 할 것이야 있냐 싶지만 마당이라 해 봐야 손바닥만 할 뿐인데, 나무 한 그루씩은 키우고 있으니 그 정성은 정말 대단한 것일 수 있다.

감나무 한 그루 덕에 없던 용기가 나고 자긍심 같은 것도 솟았다. 되돌아 나오는 길에서 만난 산동네의 모습은 전혀 달랐다. 마구 연탄재를 내놓은 것이 아니라 자세히 보면 과일 상자로 썼던 나무궤짝에 차곡차곡 놓여 있고 다른 여러 생활쓰레기들도 깨끗하게 정돈되어 놓여 있었다. 여기를 찾아들 때와는 달리 어떤 자격지심 없는 순수한 마음으로 보는 모습은 그토록 달라 보였다. 청암동으로 교수님을 모시고 간 건 정말 잘한 거였다.

1980년대 청암동 일대. 왼쪽 위 사진이 청암동 우리 집으로 철 대문을 열고 들어가면
왼쪽으로 손바닥만 한 마당이 있고 오른쪽으로 자그마한 집이 있는 구조였다.

우리의 현재 사는 모습의 진면목을 보여 드린 것이기도 하지만, 나 자신도 사물을 객관적으로 보는 계기를 만날 수 있었기 때문이다.

남산

청암동을 다녀오고 시차 적응하느라 잠시 시간을 보낸 후, 교수님께 우리의 전통문화를 만날 수 있는 곳들을 안내해 드렸다. 첫걸음으로 남산에 올랐다.

교수님과 답사 여행의 최종 목적지는 산골 깊숙한 곳에 자리한 자그마한 전통 마을 매곡이었다. 매곡마을에 가기 전에 우리가 전통적으로 지녀왔던 것들에 대해 설명해 드리는 게 좋겠다 싶었다.

서울은 전통적으로 이상적인 입지로 여겨왔던 지형지세를 설명하기에 좋은 교과서와 같은 곳이다. 남산은 그런 서울을 만나 보기에 더없이 좋은 장소다. 요즘도 여행의 목적지가 어디가 되었든 모든 안내는 남산에서 시작하라고 얘기하곤 한다. 이를테면, 일주일 남짓한 기간 동안 우리나라를 여행하는 외국인을 안내할 일이 있다면 남산부터 올라가라. 만약 한나절 정도 밖에 머물 시간이 없다면 그때는 반드시 남산에 올라가라.

1980년대나 지금이나 남산에서 바라보이는 서울과 주변 지형지세는 크게 달라진 게 없다. 서울시내에 고층빌딩이 여럿 더 들어 서는 정도의 변화가 있지만 산 위에서 바라보았을 때 그 정도는 변화랄 것도 아니기 때문이다.

"멀리서 찾아 든다." 평소 교수님의 지론이다. 곧장 목적지로 찾아 드는 게 아니라 멀리서 천천히 주변 환경과의 상호 관계를 조망하며 찾아 든다는 것이다. 멀리서부터 바라보이는 마을 경관, 마을로 접근해 오는 동안의 시각, 마을의 진입 공간 등 여러 각도로 경관을 살펴야 한다는 얘기다. 마을을 만나는 첫인상뿐 아니라 외부로부터 마을 안으로 접근하는 과정에서 마을 외부 경관과 마을 내부 경관의 실질적인 요소들을 찾을 수 있기 때문이다. '멀리서'는 공간적 의미의 '먼 거리'로 멀리서 바라본다는 것이기도 하지만, 마을의 형성이나 입지를 결정하는 방식을 포함해 마을들이 처음 자리를 잡을 때로 거슬러 올라가는 시간적 의미이기도 하다. 즉 우리 선조들은 종가나 정자를 세우기 위해 자리를 잡을 때 주변 환경과의 관계를 염두에 두면서 총체적으로 접근했다. 마을의 입지가 결정되고 그에 이어 마을이 형성되는 일련의 과정은 일관된 체계가 있다. 남산에 올라가 서울을 바라보면서 마을 입지를 정하듯이 도성을 잡고 도시의 기본 골격을 잡는 일련의 과정과 체계를 짚어 보면서, 서울이 입지한 지형지세를 만나고 전경을 한눈에 바라보는 것이다.

서울을 조감해 보는 걸 풍수 국면으로 분석해 보는 것이라고 이야기해도 좋고 입지 조건의 특성을 살피는 것이라 이야기해도 좋다. 어느 관점으로든 분명한 사실은, 서울이 입지한 주변의 지형지세는 전통사회에서 끊임없이 논의되고 선호되어 오던 좋은 땅, 도시나 마을 혹은 집이 들어서기에 좋은 이상적인 국면으로 여겼던 대표적인 땅으로 꼽혀 왔다는 것이다. 물론 서울이 유일한 모범답안이라는 건 아니다. 전국에 걸쳐 남산에서 내려다보이는 서울일대만큼 한눈에 쏙 들어오는 곳이 없지 않겠지만, 한정된 시간 동안의 짧은 답사 여정에서 쉽게 가 볼 수 있는 곳으로 꼽자면 그렇다는 것이다.

남산은 서울의 안산案山이다. 도시든 마을이든 혹은 산소에서든 똑바로 마주 보이는 산을 안산이라 한다. 안산은 풍수에서 좋은 땅 여부를 논의하면서 좌청룡, 우백호 그리고 주산과 함께 앞산을 부르는 호칭이다. 굳이 덧붙이면 풍수 용어이기 전에 사방을 둘러싼 뒷산과 좌우의 산과 함께 앞산을 일컫는 보통명사다. 이런 안산을 두고 '안대案對한다'고도 한다. 서울의 안산인 남산은 서울을 한눈에 잘 바라볼 수 있는 자리이면서 경복궁, 창덕궁, 종묘에서는 물론이고 서울 어디에서나 눈에 보이는 모든 서울 시민의 눈에서 떠나지 않고 안대해 주는 그런 존재이다.

남산에서 바라보아 서울 시내에서 가장 먼저 가 봐야 할 곳은 어디일까?

남산에서 교수님께서 촬영하신 유일한 장면은 남산 정상의 팔각정이다. 날이 흐려 후일
다시 올라와 촬영할 계획이었으나 그러지 못했다.

서울이 익숙하지 않다면 남산에서 만나는 서울은 낯설기도 하고 어설플 수도 있다. 하지만 곧 궁이나 녹지가 눈에 들어오고 종로타워와 같은 눈에 띄는 건축물들도 분간할 수 있게 된다. 이래저래 주위가 서서히 눈에 익어갈 때쯤이면 눈을 들어 서울을 둘러싼 주위의 산으로 시선을 옮겨 볼 수 있다. 사대문안 주위를 둘러싼 자연 경관과 그 속에 담겨 있는 도시 경관 요소들을 따로 구분해 살펴보면 서울과 주변 자연을 익히는 건 그리 어렵지 않다.

북한산으로부터 흘러내린 줄기는 한번 봉곳 솟아올라 북악을 이룬다. 거기서 동쪽으로 매봉을 지나 나지막이 길게 뻗어가다가 남쪽으로 방향을 틀면서 동소문(혜화문) 고개를 지나고 대학로 뒤쪽의 낙산을 이룬 뒤 그 힘을 동대문(흥인지문) 일대의 평지 아래로 쏟아내며 펼쳐 놓는다. 서쪽으로는 북소문(자하문)의 고개를 이루었다가 다시 크게 솟구쳐 인왕산을 만들고 또 한 번 크게 뚝 떨어져 내려 무악재의 고갯길을 이루었다가 다시 솟아올라 안산을 만들면서 한편으로는 효창원(효창공원)으로 내려서서 길게 이어져가다가 마포 청암동 언덕에서 한강을 만나면서 멈추어서고, 다른 한편으로는 안산 아래 연세대학 일대의 넓은 들을 펼쳐 놓는다.

양팔을 벌린 듯 크게 둘러 흐르는 능선 아래로 서울 사대문 안이 소담하게 들어 서 있다. 길게 파노라마를 이룬 장관을 앞에 두고, 왼쪽으로 비스듬히 바라볼 수 있는 뾰족한 모습의 북악산 아래가 경복궁과 광화문인데, 조선의 정궁과 그 정문이다. 그 앞의 세종로는 조선시대의 육조가 모여 있던 곳으로 원래부터 지금의 세종로 못지않은 대로로 계획되었다. 세종로가 끝나는 즈음에서 동서방향으로 길게 대로(신문로-종로)가 있고 동쪽에는 동대문이 있다. 서쪽 끝, 강북삼성병원 근처 약간 언덕진 곳에 지금은 없어진 서대문(돈의문)이 있었다. 남대문(숭례문)에서 크게 휘어지는 선형으로 보신각까지 이어지는 대로가 종로와 만나면서 '丁'자 모양으로 사대문안의 대로를 이루었다. 세종로는 남쪽으로 다시 서울시청과 남대문 방향으로 이어지는데 오늘날의 태평로다. 세종로와 동서방향의 종로와 신문로가 만나는 교차로를 광화문네거리라 부르지만 세종로 남쪽의 남대문까지 이어지는 태평로는 조선시대에는 없던 길이다. 종로 3가 중간쯤에서 다시 북으로 이어지는 돈화문로 끝에 창덕궁이 있다. 창덕궁은 서울의 5대궁 중 경복궁 다음으로 높은 위상을 가진 궁이다. 창덕궁 북쪽에는 우리나라 대표적 궁원으로 꼽히는 후원이 있고 오른쪽에는 왕후와 후궁들이 주로 거주하던 내전 성격의 창경궁이 있다. 종로구와 중구일대의 고층건물이 즐비한 모습에 대도시 면모를 한껏 뽐내는 우리의 서울. 조금 자세히 들여다보면 빽빽이 들어선 빌딩 사이에서 유독 푸르른 녹지를 이룬 곳이 있다. 남산에서 바라보아 멀리 북동방향으로 짙은 녹지가 형성되어 있는 일대에는 창덕궁 후원과 종묘, 창경궁 그리고 서울 문묘가 한데 어우러져 모여 있다. 서울이 도심 한가운데에 녹음이 있는 도시임을 내보일 만큼 최소한 체면을 세워 준다.

창덕궁과 창경궁의 남쪽으로 길게 숲이 우거진 곳이 종묘다. 종묘는 조선 역대 왕들의 위패를 모셔 놓은 곳이다. 좌묘우사左廟右社라 해서 종묘와 사직단을 좌우에 배치하는 게 한·중·일 동양문화권 왕도의 배치 계획상의 전형이었다. 종묘는 경복궁에서 남쪽으로 바라보는 시각에서 보아 왼쪽에 자리하여 좌묘左廟에 해당한다. 우사右社, 오른쪽에 자리한 사직단은 국토의 주인인 '사社'와 오곡의 우두머리인 '직稷'의 두 신위神位에 제사 드리는 곳이다. 현재 공원으로 되어 있지만 사직공원은 원래 사직단이었다. 지금 경복궁 서쪽의 인왕산 아래 사직공원 내에 세든 듯이 보호 받으며 앉아 있다. 주객이 전도된 셈이다.

남산에서 보아, 북쪽의 사대문 안으로는 옛 서울의 경관과 함께 하는 모습들이 있다면 남쪽으로는 바로 발 밑 한강 쪽으로 해방 전후 대도시로 발전해 간 용산 일대, 한남동 일대의 아기자기한 모습이 펼쳐진다. 한강과 한강 너머의 동작동과 흑석동 일대, 그 훨씬 뒤쪽으로 관악산의 불꽃같은 봉우리도 눈에 들어온다.

원체 남산에 올라 시내를 내려다보면 한눈에 온 서울이 훤히 내려다보여야 하는데, 뭔가를 자꾸 채우며 야금야금 바뀌 가다 보니 이젠 사정이 많이 달라져 새로 복원해 놓은 봉수대 부근에서야 겨우 열린 시야가 확보되는 정도로 남산에서도 시내를 내려다보기 어렵게 되었다. 그래도 여전히 서울 시내를 조망하면서 옛 서울의 입지를 짚어 보기에 이만한 곳은 없을 것이다.

교수님을 모시고 남산에 오른 이유는 서울을 한눈에 내려다보면서 서울의 구도심과 주위 산과의 관계를 설명하고, 앞으로 탐방할 경복궁, 창덕궁, 종묘에 대해 설명하기에 적합하단 생각에서였다.

"제가 하노버에서 말씀드린 것처럼 우리나라에는 전통적으로 인식되어 온 도시와 마을 입지를 위한 전형적인 지형지세가 있습니다. 여기 남산에서 내려다보이는 서울의 전경 속에 모두 담겨 있습니다."

그게 우리의 전통문화 답사를 시작하는 첫 마디였다. 그런데 교수님의 사진에는 남산에서 조망되는 서울 사대문안 일원을 촬영한 사진은 없다. 날이 좋지 않아 다른 날 다시 와서 기록해 두려 했지만 남산을 다시 오를 기회가 없었다.

왕도와 전통 마을

경복궁과 종묘, 사직, 그리고 서울의 중요문화재와 유적지들은 왕도를 이루고 있는 다양한 많은 구성 요소들이다. 왕도의 위상에 맞게 궁, 종묘, 사직 등 기능에 따라 분화된 여러 기능에 맞는 공간이나 시설 등을 통해 구체적인 모습으로 만날 수 있다.

종묘는 역대 왕의 위패를 모셔놓은 곳이므로 일반 백성들 입장에서 보자면 종가의 사당이다. 전통 마을은 거의 대부분 동족이 모여 살면서 종가를 중심으로 그 후손들이 분가하면서 같은 마을에 함께 살았다. 왕도의 종묘처럼 종가 사당에 조상의 위패를 모신다. 사당에 모셨던 위패는 4대가 지나면 매혼埋魂을 하고 산소에서 성묘만 한다. 성묘 혹은 묘사 때는 사직단처럼 별도로 시설을 갖추거나 거창하지는 않지만 산소에서 묘사를 지내기 전에 산신제를 지낸다.

사직단은 농경과 땅의 신을 위해 제사드리는 단을 둔 곳이므로 일반 서민들 입장에서 보자면 산소에 성묘 가서 산신제를 먼저 드리는 의식과 같다. 그렇게 왕도를 구성한 시설들은 전통 마을을 구성하는 중요 시설들과 기능이나 의미 면에서 거의 겹쳐진다.

한양은 좌묘우사의 모범에 따라 도시체계를 만들고, 경복궁을 비롯해 창덕궁과 창경궁, 경희궁과 덕수궁(경운궁)의 다섯 궁 체제를 갖추었다. 원래 정궁은 경복궁이고 창덕궁은 경복궁이 지어지고 얼마 후 별궁으로 만들어졌다. 다시 얼마 후 창덕궁 동쪽에 창경궁이 세워졌다. 창경궁은 별개의 독립된 궁이라기보다는 내전의 기능을 했던 곳이다. 임진왜란 때 경복궁이 불타고 구한말에 대원군에 의해 중건될 때까지 수백 년간 경복궁은 버려 두고, 창덕궁만 복구해 정궁처럼 사용했다. 창덕궁 후원과 창경궁 후원은 지금처럼 담장으로 분리된 것이 아니라 원래 하나였다.

경운궁은 원래 월산대군의 사저였다. 임진왜란 때 의주까지 피난을 했다가 다시 돌아온 서울에는 온전히 남아 있는 궁이 없었다. 선조는 창덕궁을 복구하는 동안 월산대군의 사저를 임시 거처로 삼았다. 이후 거의 사용되지 않았으나 구한말 아관파천으로 러시아 공사관에 피신을 했다가 환궁한 고종이 경복궁으로 돌아가지 않고 여기로 거처를 삼음으로써 실질적인 왕궁이 되었다. 경운궁은 사실상 고종이 정궁으로 삼았을 뿐 아니라 훗날 승하할 때까지 이곳에 머물러 고종의 택호 '덕수'를 따서 덕수궁이라 불렀다. 현재 우리에게는 경운궁이 생소하게 들릴 만큼 덕수궁이 훨씬 익숙하다. 경희궁은 광해군이 새로 정궁으로 삼기 위해 짓기 시작했는데 훗날 영조는 여기를 자신이 주로 머무르는 궁으로 삼았고 정조가 즉위한 곳도 경희궁이다. 한꺼번에 계획되어 지어진 것이 아니라 상당히 자연발생적으로 다섯 곳의 궁을 가지게 된 것이다.

서울의 남산처럼, 전통 마을에서도 마을 건너편의 적당한 언덕에 눈여겨 볼 만한 한두 군데쯤의 장소를 지목해 볼 수 있다. 어디쯤일지 그걸 찾느라 고민할 필요는 없다. 거의 틀림없이 마을에서 멀지 않은 곳에, 마을을 한눈에 굽어 볼 수 있는 정자 하나 정도는 있기 때문이다. 이처럼 전통 마을의 공간 구조는 서울에서 살펴보는 것과 동일한 체계로 되어 있다. 공부하기에 따라 서울은 전통 마을을 이해하기 위해 여러 모로 교과서와 같은 곳이 될 수 있다.

서울시내

서울시내의 전통 건축을 만나러 갈 곳으로 남산에서 본 경복궁, 창덕궁, 종묘를 꼽았다. 고궁을 찾아가는 길에 남산에서 내려와 남대문로-명동 입구-을지로 입구-청계천-종로를 거쳐 세종로 광화문까지 길게 서울시내를 걸었다. 남대문시장으로 빨려 들어갔다가 명동 입구를 지나쳐 광화문 쪽으로 발걸음을 돌렸다. 교수님의 사진과 내 기억으로 미루어 보자면 남대문을 촬영하느라 길을 건넜다가 돌아오기를 몇 차례 했다. 그리고 남대문 시장으로 빨려 들어갔다가 금방 시장 밖으로 나와 남대문로를 따라 명동 쪽으로 발걸음을 옮겼다. 굳이 시내를 둘러본다기보다는 자연스럽게 도심 쪽으로 발길이 옮겨진 것이었다. 남대문에서 신세계백화점, 한국은행 본점, 명동 입구 쪽으로 걸었던 게다.

지금 그 발길 따라 이어지는 남대문로의 인도에는 차도 쪽으로 포장마차 식으로 잔뜩 물건을 내놓아 몹시 혼잡하다. 조금 길을 넓힌 후 이런 가로를 만든다면 남대문로는 좋은 쇼핑몰 같은 명소가 되겠지만, 지금은 혼잡한 거리를 만드는 데 일조하고 있을 뿐이다. 그렇게 혼잡한 길목 어디에서 촬영지점 한 군데를 찾아낸 건 행운이다.

사진을 촬영한 지점을 찾고 보니 거기까지의 기억이 생생하게 되살아난다. 남산을 오를 때는 케이블카를 탔다. 남산 정상에서 사대문안의 도심 쪽을 바라보며 서울의 입지와 둘러 있는 산과 도시의 국면 등 많은 이야기를 하고 슬슬 걸어서 남대문 쪽으로 내려왔다. 남대문시장은 너무 혼잡해서 싫었지만 외국 관광객들이 참 좋아한다는 말을 들은 것도 있고 시끌벅적한 삶의 활기를 보여 드리기 위해 일부러 시장 안으로 들어갔다. 그러

남산에서 남대문을 내려오며 바라본 남대문 일대. 남대문 시장 인접한 곳에 택시와 지게로 짐을 나르던 모습이 보인다(위). 남산 길과 남대문로가 만나는 예각으로 된 길 모퉁이에는 작은 분수가 있었다(아래).

세종문화회관 인근 인도에서 바라본 광화문로. 철거되기 이전 총독부 청사와 뒤로
북악산이 보인다. 아래는 총독부 청사가 철거되고 광화문이 원래 자리에 복원된
현재 모습이다. 인도의 폭이 넓어지고 가로수도 많아졌다.

남대문에서 명동 입구 쪽으로 가는 길목의 1986년 모습(위)과 현재(아래).
왼쪽의 한국은행은 그대로이지만 오른쪽의 중앙우체국은 새 건물로 바뀌었다.

나 교수님이 크게 즐거워하시는 것 같지 않아 금방 밖으로 나왔다. 모든 외국인 들이 다 좋아하는 건 아닌가 보다.

시장을 벗어난 이후의 경로는 다시 가물거린다. 어렴풋이 기억을 되살려 보니 남대문로로 나와 신세계 쪽으로 걸어가서 명동으로 들어가지는 않고 광교 쪽으로 해서 광화문으로 가는 긴 구간을 걸어 산책하듯이 두루돌아 나왔던 것 같다. 그 방향으로 행로를 잡고 일단은 광교 쪽으로 가면 될 거라는 막연한 생각으로 한국은행 쪽으로 건너갔다가 다시 지하도로 길을 건너 명동 입구 쪽으로 향했다.

지하도를 막 나오는 데 눈앞으로 전당포 간판이 얼핏 들어온 듯싶다. 다시 둘러보는데 워낙 여러 간판들이 어지럽게 건물 벽을 도배해 놓은 탓인지 금방 눈에 들어오지 않는다. 지하도 출구에 서서 지하도를 드나드는 인파를 적당히 피해 한참을 두리번거려 본다. 어느 사진에 전당포 간판이 들어 있었던 걸 떠올리며, 얼핏 스쳐 지나간 전당포가 혹 사진 속 그 전당포일까 싶은 것이다. 얼마 전 공전의 히트를 친 영화 〈아저씨〉의 주인공은 전당포를 하는 사나이였다. 요즘도 전당포가 있나? 영화를 보는 내내 떠올리던 생각이었다.

1970년대, 경제력은 없지만 열정은 있었던 남자들에게 큰 짐이자 작은 희망이었던 전당포. 얼핏 시야에 들어왔다가 금세 사라져 버린 전당포 간판, 분간하기조차 어렵게 어지러이 붙어 있는 많은 간판들 가운데서 기적같이 다시 찾아내고 보니 사진 속의 바로 그 전당포다. 지금까지 전당포가 남아 있다는 사실도 새삼스럽지만, 30년이 다 되어가는 오랜 시간 전의 사진 속 그 전당포가 아직 거기에 있다는 게 믿기지 않는다.

계속 발길을 옮겨 을지로 입구, 청계천과 종로 길을 따라 세종로로 향했다.

민속촌

민속촌에는 온갖 종류의 전통 건축들이 한자리에 모여 있다. 지역에 따른

간판들이 어지럽게 얽혀 있는 1986년의 명동 입구(위)와 현재 명동 입구(아래).
많이 변한 것 같지만 30년 전 그 자리에 지금도 전당포가 남아 있다.

특색을 지닌 다양한 가옥들이 있어서 각 지방의 가옥 형태를 비교해 볼 수 있다. 마루가 낮은 평범한 집, 마루 정도가 아니라 상당한 권력을 누리던 세도가의 높직하게 높여 세운 누마루에서 사랑채 마당을 굽어 내려 볼 수 있는 집, 중문에 의해 바깥의 사랑채와 안채가 명확히 구획되어 안과 밖이 명확하다는 것이 이런 것이구나를 짐작해 볼 수 있는 집도 만날 수 있다. 농사관련 기능이 풍부한 남부지방 부농 반가도 볼 수 있는데 이런 집에는 살림집의 흔적이 역력해 농경 풍습과 관계된 일상이 뚜렷하다. 민속촌은 각 지역의 전통 가옥을 한 곳에 모아 놓은 민속박물관과 같다. 아니, 원래 민속촌이란 야외에 전시된 민속박물관이다. 용인에 민속촌이 들어선 1970년대 중반 즈음, 우리에게는 그런 시설 자체가 생소하기도 했지만 박물관 기능보다는 여가와 관광의 개념이 강하게 부각되어 일종의 놀이공원같이 인식되었다. 워낙 영화나 드라마 촬영을 위한 세트장이나 촬영소도 마땅치 않던 시절, 특히 역사극을 촬영할 만한 장소가 제한적이던 차에 용인민속촌은 훌륭한 촬영장으로 사용되었다. 민속촌이 생기기 전의 야외 촬영된 사극 장면에서는 창덕궁 후원의 연경당이 양반가옥으로 등장했고, 종묘 정전 앞에서 칼 싸움을 하는 액션 장면을 촬영했다. 민속촌이 없었더라면 과연 우리나라에서 역사극다운 영화나 드라마가 만들어질 수 있었을까? 아무튼 민속촌은 우리에게 많은 혜택을 주었지만 박물관이란 측면에서 바라보기에는 무계획적으로 조성된 것이어서 개인적으로는 용인민속촌을 그리 탐탁하게 여기지 않고 있었다.

　　용인민속촌 최대의 특징이면서 동시에 약점이라면 전국 어디서 그렇게 수집했는지 정말 방방곡곡의 건축물과 민속자료들을 한자리에 빽빽하게 모아 놓았다는 것이다. 나름대로 체계화하고 선별한 결과라 하겠으나, 문화재 차원에서 접근하자면 모자람이 많다고 여겼다. 때로는 한 채의 가옥을 그대로 옮겨와 재현했기에 삶의 흔적을 그대로 한 단위로 엮은 것이 있는가 하면, 여기저기서 모은 작은 소재들을 묶어 하나의 가옥 단위처럼 해 놓은 것도 있을 것이다. 민속촌이 문을 연 1970년대의 사정을 감안하자

민속촌은 각 지역의 전통 가옥을 한곳에 모아 놓은 일종의 민속박물관이다.

면 이런 이야기는 괜한 트집일 수 있겠지만 민속촌은 아쉬움을 갖게 하는 존재였음을 부인할 수 없다. 하지만 교수님을 모시고 우리의 지방마다 존재하는 향토적 특성을 지닌 다양한 건축 형태와 가옥 내 공간의 의미나 기능을 속속들이 정리하고 우리 전통문화와 토속건축을 일목요연하게 정리하기에 그만한 곳이 있을까 싶었다.

지금 교수님의 사진을 들고 30년이 지난 시점의 민속촌을 만나러 간다. 수원역에서 민속촌으로 가는 셔틀버스가 있다. 배차 시간도 적당하고, 외국인들이 관광차 가기에도 좋은 여건이다. 셔틀버스에 자리를 잡고 여러 생각에 잠긴다.

"그래, 용인민속촌이 훌륭한 박물관이란 말이냐 아니란 말이냐? 훌륭하면서도 그렇지 못하다? 뭐 그리 애매한 이야기냐."

민속촌에 대해서는 줄곧 확 덤벼들지도 그렇다고 아예 부정하지도 않는 어정쩡한 태도를 가지고 있었다. 전국 각처에서 모아 놓은 온갖 형식의 건축물들이 자리하고 있다. 물론 각 지역별 주택 유형과 함께 관아도 있고 다리도 있다.

전국 각처의 민속자료를 한자리에서 보기에는 손색이 없다는 점은 부인하지 않지만 민속촌이 문을 열고 얼마 지나지 않은 1980년대에는 세월의 흐름을 맛보기에 부족함이 없지 않았다. 몇 십 년의 세월이 지난 지금, 민속촌에 대한 내 생각은 많이 바뀌었다. 추억과 향수가 묻어 있는 자연부락 같은 경관이 형성되어 있다. 초가지붕을 얹은 집의 작은 뜰과 담장, 굴뚝은 집과 일체가 되어 아주 자연스러운 모습으로 우리의 독특한 향토 경관을 보여 주고 있다.

우리만큼 급격하고 커다란 변화에 노출되어 있는 곳이 지구상에 또 있을까? 변화란 곧 발전이라는 식의 해석이 될 수도 있지만 전통 경관의 측면에서 보자면 우리에게 있는 변화는 결코 바람직하지 않다. 그런데 용인민속촌의 변화는 좀 다른 측면을 보여 준다. 전국 어디에서도 쉬 만날 수 없는, 자연적으로 형성된 우리나라 전통 마을의 한 전형을 만나는 듯하다. 전

민속촌의 특징이면서 동시에 약점이라면 방방곡곡의 건축물과 민속자료들을 한자리에
빽빽하게 모아 놓았다는 것이다.

국 어디에서도 쉬 만날 수 없는 고스란히 보존된 자연부락, 개장 초기에 가지고 있던 단점은 어디 가고 어떻게 전혀 다른 성격의 민속촌이 되었을까. 전시장 티가 나는 배치 계획으로 다소 엉성해 보였던 모습이 상당히 자연스러워졌다. 다양한 각 지방별 소재들을 모아 놓느라 잡다했던 가옥들의 조합은 자연스럽게 서로 이웃하고 있는 모습이 되어 가고 있다. 무엇이 그렇게 만들었을까. 전시되어 있는 민속자료들이 달라진 게 아니라 민속촌을 구성하고 있는 숲과 나무, 울타리와 같은 것들이 성장하고 세월의 때를 입으며 하나의 자연부락처럼 형성되어 가고 있다.

변화의 중요한 요인은 시간이다. 오랜 시간이 지나면서 민속촌의 나무들은 어느덧 거목이 되어 우리나라 여느 마을 못지않은 자연스러운 공간으로 변화된 마을을 충실히 감싸고 있다. 제대로 잡히지 않았던 체계는 이제 더 이상 문제가 되지 않는다. 지금의 민속촌은 민속자료를 모아 놓은 박물관 수준을 넘어 하나의 마을을 이루고 있는 희귀한 존재가 되어 있다. 전국에서 옮겨온 기와집과 초가집들이 만들어 놓은 사이 공간은 지나다니는 길이 되고 나무가 자라 무성해지면서 자연발생적으로 성장한 여느 마을처럼 마을을 감싸고 있다.

박물관은 소중한 유물을 소장해 훼손되지 않게 세심하게 관리하는 것을 목적으로 하고, 나아가서는 일부 혹은 전부 공개해 관람하게 함으로써 공공의 이익과 문화 수준을 높여 주는 역할을 한다. 미술품이나 발굴 유적 혹은 골동품들이 박물관의 주 내용이다. 박물관의 소장품에 변화라는 것은 애초에 용납되지 않는다. 변하지 않도록 관리 유지되어야 하기 때문이다. 그러나 야외박물관, 민속촌은 조금 경우가 다르다. 소장이라기보다는 전통가옥들이 동네를 이루어 들어서 있고 일상의 모습이 생생하게 야외공간에 전시되기 때문이다.

민속촌은 일종의 마을이다. 마을을 구성한 논밭, 길, 들과 산의 나무는 일 년 사시에 따라 자연스럽게 성장하고 몇 십 년의 세월이 함께 흐른다. 변한 것 같지 않지만 세월 따라 자연히 있어 온 변화, 이런 걸 두고 유기적

1986년(왼쪽)과 현재(오른쪽) 민속촌. 장승들은 모두 바뀌었는데, 돌무더기 오른쪽 끝의 큰 바위와 받침돌은 그대로 있고(위). 우물에 덮개를 씌우고 바닥의 경계석을 더해 놓았다(가운데). 살짝 돌려놓은 듯 보이기는 하지만 굴뚝도 그대로 있다는 게 오히려 신기하다(아래).

이라 해도 좋다면, 민속촌의 곳곳에는 유기적 변화들이 펼쳐져 있다. 유기적 변화는 편의에 따라 그냥 바뀌 가는 것이 아니다. 그렇다고 억지로 통제하는 것도 아니어서 세월과 함께 자연스럽게 변하는 것이다. 민속촌의 30년 세월은 그런 걸 잘 보여 준다.

경복궁

"일제 강점기 일본은 경복궁 앞에 조선총독부청사를 계획하면서 경복궁의 정문인 광화문을 철거하려고 했습니다. 일본 지식인 야나기 무네요시柳宗悅의 호소에 부딪쳐 부수지는 않고 경복궁 동쪽으로 옮겼습니다. 1970년대에 다시 세종로 이 자리로 옮겨 올 때까지 광화문은 경복궁 동쪽, 현재 민속박물관으로 출입하는 문이 나 있는 자리에 있었습니다. 전쟁 통에 목조의 문루부분은 없어지고 하부의 석조부만 남아 있었습니다. 다시 옮겨온 광화문은 원래의 자리에 자리 잡지 못하고 동쪽으로 조금 치우친 곳에서 경복궁 방향으로 향하는 세종로 차선에 맞춰 정남향으로 앉혔습니다. 그래서 지금 저 자리에 놓이게 되었습니다."

광화문 일대는 그랬다. 광화문 뒤쪽의 중앙청으로 사용하던 옛 조선총독부청사는 근정전 앞을 꽉 막고 있었다. 다른 데로 옮겼던 광화문이 그 앞으로 옮겨 오면서 다시 조선총독부청사를 뒤 세우게 되었다. 중앙청과 광화문은 서로 묘한 대비를 이루고 있었다. 조선총독부청사를 허물고 다시 어렵사리 원래의 자리에 원래의 향을 살려 제대로 이건 복원되기 전의 상황은 그랬다. 근정전, 사정전, 경회루 같은 중요한 전각들은 언제나처럼 한결같지만, 1980년대의 경복궁에는 근정문 바로 앞까지 조선총독부청사가 들어서 있어서 근정문은 굳게 닫혀 있었고 광화문에서 근정문에 이르는

조선총독부청사와 함께 있는 광화문(위). 지금은 원래의 자리에 원래의 향에 맞춰 옮겨 복원되어 있다(아래).

잔디밭 여기저기에 석탑, 태실 석함과 같은 석물들이 놓여 있었는데 궁궐에 전혀 어울리지
않는 조합이다. 태실 석함 뒤로 보이는 것은 교태전 후원 화계의 동쪽 측면부이다(위).
지금은 교태전과 함께 담장이 복원되어 있다(아래).

중심축상의 동선과 시야는 막혀 있었다. 여러 면에서 지금과는 많이 다른 상황이었다.

경복궁 동쪽의 건춘문이 경복궁을 드나드는 관람객을 위한 출입문이었다. 근정전은 근정전 동쪽 회랑 한쪽에 내어 놓은 출입구를 통해 들어설 수 있었다. 건춘문을 들어와서 근정전 쪽으로 들어오는 출입로 잔디밭 여기저기에 석탑, 태실 석함과 같은 석물들이 놓여 있었다. 전혀 궁궐에 어울리지 않는 조합이다. 그런 것들이 왜 궁궐 마당에 놓여 있을까 싶지만 그 시절은 그랬다.

궁궐은 업무와 기능에 따라 격에 맞는 형식을 갖춘 여러 건물들이 적절하게 배치된 곳이다. 왕을 보좌하며 나랏일을 맡아 보았던 궐내 각사의 여러 시설들, 왕이 집무를 보는 공간, 일상생활을 하는 공간, 각종 업무를 수행하는 기관들의 공간이 있다.

건축물 간의 위계를 놓고 보면 궁에서 으뜸이 되는 건축은 정전이다. 경복궁의 정전으로 왕이 공식 업무를 행하는 전각은 근정전이다. 근정전 뒤쪽에 작은 규모로 왕의 일상 업무나 접견을 하는 공간으로 편전인 사정전이 있다. 정전과 편전이 있는 이 일대가 왕의 집무공간이었다.

근정전, 산마루를 비껴놓은 건축

광화문으로부터 중심축을 따라 들어가는 인파에 밀려 근정전 마당을 향해 접근해 간다. 그 과정에서 만나는 여러 장면 중 근정전을 만나는 한 지점, 근정문을 막 들어선 자리에서 보면 북악의 정상부에서 움푹해진 곳과 근정전 처마선이 그렝이질해 맞춘 것처럼 서로 겹쳐지는 지점이 나온다. 교수님의 사진은 북악의 정상과 근정전 처마선이 마주치기 직전의 그걸 포착하고 있었다. 그 자리에서 한걸음이라도 벗어나면 산 정상과 처마 선의 틈이 너무 벌어지거나 아예 붙어 버린다. 근정문 문지방을 넘어 들어서는 순간 만나는 장면이다.

교수님과 갔을 당시에는 이 장면을 만나기 위해서 근정문 앞까지 가

근정문을 막 들어선 자리에서 보면 비대칭적으로 뾰족한 북악의 정상부에서 움푹해진 곳과
근정전 처마선이 맞춘 것처럼 겹쳐지는 지점이 나온다. 교수님은 북악산의 높고 뾰족한
덩어리와 근정전 뒤에서 오른쪽으로 길게 흐르는 능선이 근정전 좌우의 배경이 되어
균형을 이룬 모습을 보신 거다.

근정전이 믹혀 있던 시절에 근정전을 바라보는 최고 명당은 남동쪽 회랑 구석이었다.

예전의 근정전 조망 명당을 잘 알고 있는지 한 사람이 자리 잡고 앉아 근정전을 묘사하고 있다.

서 굳게 닫혀 있는 문 앞에 바짝 붙어서 보아야 했다. 굳게 닫힌 문에 등을 바짝 붙여 최대 거리를 확보해야 가능했다.

교수님은 눈에 띄는 곳에서 한번에 촬영하는 법이 없었다. 반드시 한바퀴를 돌며 감상을 하고 다시 돌아와 촬영하셨다. 미리 머리에 담아 둔 장면들 중 가장 좋고 효과적인 장면을 기록하기 위한, 독일인 특유의 치밀한 계산에서 나온 방식이라고 생각했다.

"난 지금, 조선의 건축가가 건축과 산을 어떻게 연계시켰는지, 그 현장을 만나고 있네."

"…??"

"저 뒤에 있는 산이?"

"예. 북악산이라 합니다. 북쪽 산이란 뜻입니다."

"그래, 북악산. 저 산은 분명 궁의 설계를 맡은 건축가에겐 불운이었을 테지. 뾰족한 산 모양에 반해 반듯하게 대칭을 이루지 않았으니, 건축가는 그게 참 눈에 거슬렸을 걸세. 저 산을 정중앙에 놓는다는 명분으로 아예 건축물로 그걸 가려 버릴 수도 있지만, 여기서는 그 쉬운 길을 택하지 않은 거지."

교수님이 가리키는 손가락 끝을 따라가다가 만난 것은 근정전 뒤쪽 북악에서 흘러나와 경복궁 뒤쪽으로 길게 흘러나가는 능선이었다. 근정전 지붕에 가려 시야에 드러나지 않지만 지붕이 끝나는 바깥쪽에 이르러 지붕 끝선 약간 아래쪽에서 다시 나타나 길게 옆으로 이어져 나가고 있었다. 그로부터 지붕에 가려 있는 부분의 북악산 능선의 실루엣을 짐작하는 것은 어렵지 않았다. 다만 그걸 전혀 인식하지 못하고 있었을 뿐이다. 형상에 대한 미학적 해석일까, 현학적 견강부회牽强附會일까, 실제로 근정전의 건축을 계획하던 당시 고려되었던 역사적 사실들일까? 아무튼 북악은 근정전의 한쪽으로 치우쳐 있다.

"마치 '무게×길이'로 저울의 좌우 균형을 맞추듯 북악산의 높고 뾰족한 모양의 덩어리와 전각 뒤에서 오른쪽으로 길게 흐르는 능선을 이용해 근정전 배경에서 균형을 준 것으로 보이네."

경복궁 일대는 눈에 띄는 큰 변화는 없어 보인다. 그래도 교수님 사
진을 가지고 현장을 찾아다니다 보면 경회루, 교태전 후원 일대에서 사소
해 보이지만 결코 사소하게 볼 수 없는 적잖은 변화들이 눈에 띈다.

근정문이 막혀 있던 시절, 관람객들은 근정전 동측 회랑에 나 있던
출입구로 들어오면 곧장 남동쪽 회랑 구석으로 우루루 몰려갔다. 근정전을
바라보는 최고 명당을 찾는 거였다. 요즘은 곧바로 근정문을 지나 근정전
월대까지 거침없이 가게 되어 있어 아무도 찾지 않는 한적한 장소가 되었
다. 언제 그런 곳, 그런 일이 있었나 싶게 거의 잊힌 것 같지만 여전히 그런
것을 기억해 놓고 싶은 건지 마침 한 양반이 자리 잡고 수채화를 그리고 있
다. 옛날 그 자리의 명성을 잘 알고 있는 게다.

건축물 외부 자연에 의해 실존하는 한국 건축

경회루 동쪽 측면의 경회루 들어가는 다리가 놓인 일대는 옛 모습대로 담
장과 문이 복원됐다. 평소에는 문을 굳게 닫아 놓는다. 담도 문도 없이 훤히
열려 있을 때에는 경회루와 연못 그리고 그 너머의 인왕산이 한눈에 들어
오는 좋은 조망점이 되어 주었다. 하지만 지금은 담과 문에 가려 예전의 그
경관을 기억하는 많은 사람들, 특히 아마추어 사진작가들은 무척 아쉬워
한다고 들었다. 아쉽긴 해도 원형 복원이란 명분을 존중한다면 당연히 감
수해야 할 일이겠지. 그나저나 당장 나는 옛날 사진을 들고 있다. 저 문이
열려야 하는데 굳게 닫혀 있다. 내가 알기에 경회루에 들어가려면 사전에
관람 신청을 해야 한다. 지금도 그렇다면 분명 저 안에 들어간 단체가 있을
것이다. 조금 기다려 그 사람들이 나올 때면 저 문이 열리겠지. 인내심을 가
지고 그 앞에서 한참을 끈기 있게 기다려 본다. 마침 한무리의 단체 관람객
이 관람을 마치고 빠져 나온다. 마지막 손님이 빠져나가기 직전 제대로 된
장면을 담았다.

경복궁은 건축 자체도 아름답지만 주변 환경과의 조화가 더욱 아름

지금 경회루는 사방에 담이 둘러져 있었다는 옛 문헌에 근거해 동쪽 경계부에 담장과 문을
복원해 놓았다. 경회루 입구의 문은 평소 굳게 닫혀 있지만 단체 관람객이 드나들 때를 기다려
누마루 아래로 열려 있는 모습을 만날 수 있었다. 위 사진은 담장과 문을 복원하기 전인 1986년
모습이다. 경회루 기단의 텅 빈 공간으로 흘러드는 몽글몽글한 능선과 그것을 받아들이듯 서 있는
누각과 정자의 텅 빈 아름다움에서 자연과 관계 맺고 있는 건축의 미학을 볼 수 있다.

다운 건축이다. 사진 속의 건축과 산은 어떤 관계에 있을까? 우리 전통 건축의 배경에는 꼭 산이 있다. 건축물을 촬영하면 으레 그 뒤에 경호원처럼 듬직하게 산이 들어와 앉는다. 촬영할 때 배경의 산과 구도를 잡고 보았느냐, 아니면 생각하지 않았는데 건물 뒤에 산이 들어와 앉았느냐의 문제인데, 교수님의 사진은 분명 자연과 함께 한 건축의 미학을 보여 주고 있다.

교수님 사진을 정리하면서 눈에 띈 건 경회루 기단석 끝으로 방지에 식재된 무성한 나무였다. 그리고 나무에 가린 그 뒤에는 인왕산이 들어와 있다. 누각의 텅 빈 공간으로 흘러드는 몽글몽글한 능선과 그걸 받아들이듯 서 있는 누각과 정자의 텅 빈 아름다움. 내부 공간 깊숙한 데로 스며드는 자연에 눈길을 주면서 건축과 관계 맺고 있는 자연의 존재를 읽으신 것이다.

경복궁 일곽을 담은 사진들을 한자리에 펼쳐 놓고 보니 각 사진에서 산과 건축이 이루는 경관, 즉 외부공간에 비쳐오는 자연과 인공의 조합으로 일구어 놓은 극명한 대비가 보인다. 향원정의 작은 몸체는 북악의 좌우 능선을 어느 시점에서도 막아서지 않겠다는 듯이 다소곳하고, 비우고 들어 올린 경회루 하부로 투명한 내부공간을 뚫고 멀리 인왕산 능선이 투시되어 스며들고 있다. 근정문이 막혀 있던 시절, 근정전을 가장 잘 보여 준다 하여 인기가 있었던 포토 존이나, 사정문을 들어서면서 천추전 쪽으로 비스듬히 비껴가는 시선으로 와 닿는 장면은 근정전과 북악 능선이 만들어 주던, 건축과 자연이 주고받던 교감의 선율에 시선이 맞춰진 것이 분명하다. 건축물이 아니라 건축물 외부의 자연에 의해 실존되고 있는 한국 건축의 특성에 주목하신 게 분명했다.

어쩌면 그 모든 것들은 감상자의 눈에 비친 자의적 해석일 수도 있다. 사진을 읽으면서 사진을 촬영한 교수님의 생각을 자의적으로 해석하고 있는지도 모르지만 건축을 주변 환경과의 관계로 읽어 내는 것은 건축을 감상하는 중요한 방법이지 않은가.

한국 건축은 건축물 자체가 아니라 건축물 외부의 자연에 의해 실존한다.

향원정은 북악의 좌우능선을 어느 시점에서도 막아서지 않겠다는 듯이 다소곳하다.

아미산, 교태전의 후원

궁에서 후원은 보다 분명한 정원 형태로 나타난다. 여러 단의 화계가 만들어지고 거기에 꽃나무와 석함 혹은 연돌과 같은 장식재를 설치한다. 화계에 꽃나무를 심었는지 예쁜 화분을 올려 두었는지, 아직 그런 점을 고증하는 논의는 없다. 산기슭 구릉을 끼고 들어선 창덕궁과 창경궁에서는 화계로 처리된 사례를 잘 볼 수 있다. 경복궁은 워낙 평탄한 대지에 들어서 있어서 후원의 화계를 잘 만날 수 없지만 아미산이라고도 불리는 교태전 후원에 잘 만들어진 화계가 있다. 민가에서는 집안 뒷마당에 화계를 두는데, 대부분 옹벽으로 처리하는 방식으로 간소하게 자연석으로 쌓아 한두 단의 화계로 만들어 낸다.

북악산에서 흘러내리는 낮고 긴 지맥이 교태전 뒷마당에서 급히 멈춘 듯 작은 기슭을 이룬다. 이곳을 몇 단의 석단으로 마무리하고 꽃나무와 석함, 연돌로 장식해 작은 후원을 만들었다. 북쪽으로 북악산을 큰 배경으로 삼고 서쪽으로 비스듬히 인왕산의 듬직한 바위산을 담 너머 배경으로 삼고 있다.

경복궁에서 가장 아담하고 예쁘다고 할 수 있는 이곳, 교태전 후원은 교수님의 사진에 담겨 있지 않았다. 지금은 교태전의 후원으로 많은 관람객들로부터 감탄과 사랑을 받지만, 지금처럼 복원되기 전의 아미산은 거의 사람들의 눈길을 잡지 못했다. 교태전은 일제 강점기에 창덕궁으로 옮겨 나갔다가 1994년에야 복원되었다. 교태전 자리가 그냥 빈 터로 있었던 때에도 아미산은 지금과 크게 다르지 않게 제 모습을 갖추고 있었다. 지금은 교태전이 살짝 가로 막아 후원의 꽉 짜인 공간을 감싸안아 주어 후원의 자태를 제대로 드러내고 있지만 교태전이 없던 시절의 아미산은 교태전 후원으로서 원래의 그 아름다움과 정원의 가치를 짐작해 읽기는 쉽지 않았다. 텅 빈 공터를 앞에 둔 초라한 정원 유지로 허허 벌판에 덩그러니 나앉아 있어 아무래도 옛 정원의 아름다움을 보여 주기에는 공간적으로 제대로 형성되지 못한 평범한 모습이었을 것이다.

종묘

멀리 장거리 여행을 해야 하는 것도 아니고 지하철만 타면 되는데, 그게 참 하루 날을 잡기가 쉽지 않다. 그나마 일전에 헛걸음을 해 다시 왔다. 이번이 두 번째 걸음이다.

　　종묘 앞, 종묘공원에는 문화재 발굴 조사 관계로 공사 칸막이를 설치해 놓았다. 발굴 조사는 원래 순수하게 발굴을 목적으로 시작되는 게 아니라 다른 개발 사업을 하기 전 문화재가 묻혀 있을 것이 예상되는 경우나 그 인근에 중요 문화재가 있어서 문화재 주변의 보존 관리가 필요한 경우에 하게 되어 있다. 발굴 조사는 일단 시굴을 하고 유적지 확인 작업이 들어가는 순서로 진행된다. 물론 전혀 예상하지 않던 개발 사업에서나 간단한 보수공사를 위해 토공 작업을 하다가 문화재가 쏟아져 나오는 경우도 있다. 안압지의 전모가 드러난 것도 연못 바닥에 쌓인 개흙을 제거하는 준설 작업 도중 유물이 쏟아져 나와 본격적으로 발굴을 한 것이고 무령왕릉 역시 장마에 대비해 배수로 작업을 하다가 우연히 발견된 것이다. 종묘 앞 종묘공원의 발굴 조사는 종묘 성역화 사업에 앞서 이루어지는 것이라 한다. 언제까지라는 시한을 정해 놓은 것이 아니므로 십 년이 될지 그 이상이 될지는 아무도 모른다. 중요한 문화재를 위해서 긴 호흡과 느린 걸음을 취하는 것이다.

종묘 입구를 찾는 게 뭐 그리 힘들겠나 싶었다. 그러나 생각보다 많이 헤맸다. 워낙 오랜만에 와 본 길이라 그간의 큰 변화를 따라가지 못한 것이다. 차라리 초행길이라면 조금은 긴장도 하고 집중을 했을지 모르지만 여기는 내 구역이라는 듯 방심한 탓일 거다. 세월이 지나면서 엄청난 힘으로 바뀌어 가는 도시 경관의 변화 앞에서 나는 전혀 힘을 쓰지 못했다. 전철역 출구는 제대로 나왔다. 그 출구가 단성사 극장 바로 앞이었던 것조차 눈치 못 챌 정도로 나는 서울도심에서 이방인이 되어 가고 있었다. 한 구간 헐려 나간 세운상가, 발굴 중인 종묘공원, 이 모든 것이 전혀 낯선 동네의 일로 다가왔다.

길도 잘못 들고, 돌고 돌아 겨우 찾아 든 종묘 역시 내 뜻과는 관계없이 흘러갔다. 반드시 가이드의 인솔에 따라 단체로 움직여야만 한다는 것이다. 그런지 벌써 오래되었다는데 몇 해가 되는 동안 난 그런 걸 전혀 모르고 있었다. 사실 이건 알고 모르고의 문제가 아니라 전혀 예상하지 못한 일이다. 창덕궁이 오랫동안 자유 관람이 제한되어 왔지만 충분히 수긍할 수 있다. 여러 이유가 있겠지만 특히 후원은 자연보호 차원에서 지금도 철저히 지켜지고 있는 것이구나 생각할 수 있다. 하지만 그게 왜 종묘에도 적용되어야 하는지 수긍할 수가 없다. 보안이 필요하다거나 관람객이 너무 많아 질서 유지가 되어야 하는 것 정도의 이유가 있다면 혹 모르겠다. 종묘는 관람객이 그리 많지 않은 곳이 아닌가. 자유 관람을 제한할 만한 이유를 떠올려 보지만 그럴싸한 답을 찾지 못했다. 여하튼 종묘에서 내가 해야 할 일은 단체로 가이드 받으면서 할 수 있는 것이 아니기에 아예 매표조차 않고 그 자리를 떴다.

그리고 한참이 지나 우연히 인터넷을 뒤지다가 토요일 자유 관람이 가능하다는 것을 알게 되었다. 그래서 다시 찾은 거다. 토요일 자유 관람이 있어 당장 나로서는 다행이지만, 따지고 보면 그건 또 무슨 이유인지 앞뒤가 맞지 않는다. 가이드 인솔아래 단체 관람 방식으로 통제하는 게 신성한 종묘가 관람객들로 인해 혼잡해지는 걸 방지하기 위한 조치였다면 오히려 지금의 조치와는 반대로 많은 관람객이 몰려드는 주말에 관람 통제를 해야 하는 것 아니냔 말이다.

종묘 정전, 고전적 건축미의 절정

종묘의 정전을 앞에 두고 교수님께 일반적인 정보를 담은 설명에 더해 조선의 역대 왕 위패를 모신 곳이므로 민가의 경우로 보면 종가의 사당에 해당한다. 다른 점이 있다면 종가의 사당에는 사대봉사四代奉祀하는 조상의 신위만 모시지만 종묘에는 역대의 모든 왕을 모신다는 걸 설명해 드렸다.

"사대봉사하는 동안 조상의 위패를 모시고 제사를 지낸다고 했는데, 기간이 정해져 있나?"

"몇 년이라고 정해진 기간이 있는 게 아니라, 제사를 모시는 주손을 기준으로 그분의 4대 위의 조상, 즉 아버지, 할아버지, 증조할아버지, 고조할아버지 이렇게 4대 웃어른 내외분의 제사를 모시는 겁니다. 주손이 사망하고 그 아랫대가 주손이 되면 또 그로부터 4대 웃어른의 제사를 모시게 되는 방식을 말합니다."

"4대를 기준으로 한 데에는 특별한 이유가 있을까?"

"한 집안에 4대가 난다는 말이 있습니다. 예전에는 결혼 연령이 빨라 대가족을 이루고 4대가 함께 살았습니다. 4대 위 어른은 고손자를 보고 돌아가셨으므로 주손은 고조부를 기리며 제사를 모시는 겁니다. 요즘 기준으로라면 2대봉사가 어울릴 것 같지만, 전통과 관습은 그리 계산으로만 이루어지는 게 아닌 듯합니다."

사당에 사대봉사 하는 조상의 신위를 모신다는 것은 집에서 그 조상의 제사를 모신다는 이야기다. 이 봉사 기간이 지나면 위패를 산소에 묻고 더 이상 사당에 모시지 않는다. 이를 매혼이라 한다. 사대봉사와 무관하게 사당에 신위를 모시고 영원히 제사를 모시는, 특별히 예외 적용되는 신위가 있다. 영원히 사당에서 옮겨 가지 않는 신위라는 의미에서 불천위不遷位라고 한다. 불천위 자격은 나라에서 내렸다. 가문마다 조상 중 불천위가

69

있는 데에 각별히 자부심과 의미를 두었다. 종묘에 모셔진 역대 왕과 같이 영원히 천위하지 않는 명예로운 영혼으로 가문에서는 이를 명예로운 일로 여겼다.

종묘에서는 건축적으로 경지를 이룬 특별한 의미를 지니는 전통 건축을 만날 수 있다. 단층이면서 한 줄로 길게 늘어 있는 종묘 정전의 장대한 규모는 그 앞에 놓여 있는 월대에 서서 만날 때 시각적으로 가장 극대화되어 감성을 자극한다. 사진 촬영을 도와 주는 동행도 한마디 거든다.

"지금껏 본 우리 전통 건축 중에서 이렇게 드라마틱한 걸 본 기억이 없습니다."

정면이 똑바로 보이는 자리에 서서 잠시 정전을 감상하는 동안, 스쳐 지나가는 관람객들의 감탄사 일색의 반응이 흥미롭다. 건축을 잘 모르는 사람이라 하더라도 종묘 정전 앞에서는 남다른 느낌이 들 게 분명하다. "굉장하다", "웅장하다", "와!"라는 탄성을 뱉는 소리를 심심찮게 들을 수 있다.

"정전은 실제 그리 가녀린 건축이 아니네. 가까이서 보면 상당히 기운차고 듬직한 건축임에 틀림없네. 워낙 수평으로 길다 보니 길이에 비해 높이의 비례가 낮아 이 건축을 세장하고 유약한 것으로 만들 우려가 틀림없이 있었네."

왜 그럴까? 어떤 건축의장으로 해서 그런 인상을 주는 건축이 되었는지 설명하자면 다소 전문적이고 복잡한 이론으로 무장한 현학적인 의장론이 되어야 할 것 같지만, 교수님은 전혀 그렇지 않았다. 교수님 역시 종묘 정전의 낮고 긴 모습에 시선을 빼앗기셨다. 슬라이드 사진첩에 그 감흥의 흔적이 남아 있다. 종묘에서 촬영된 열 장의 사진은 종묘 전체 배치도 안내판 그림 한 컷과 함께 정전의 이모저모를 촬영한 것이 여덟 컷이다.

"이 건축은 한번에 이런 규모로 만들어진 게 아닌 듯 보이네. 최소한 두 차례 정도의 증축이 있었다고 보네. 최종적으로는 양쪽 끝을 한 차례 꺾어 확실한 마무리를 함으로써 세장함의 끝머리에 힘을 꾹 준 의장을 확실히 내보인 것으로 보이네. 마치 붓글씨를 쓸 때 끝에 힘을 주었다가 옆으

단층이면서 한 줄로 길게 늘어 있는 종묘 정전의 장대한 규모는 그 앞에 놓여 있는
월대에 서서 만날 때 시각적으로 가장 극대화되어 보는 이의 감성을 자극한다.

교수님은 종묘 정전의 건축을 남다른 안목으로 보셨다. 워낙 수평으로 길다 보니 길이에 비해
높이의 비례가 낮아 정전을 세장하고 유약해 보이게 할 우려가 있으나 양쪽 끝을 한 차례 꺾어
확실한 마무리를 함으로써 세장함의 끝머리에 힘을 꾹 준 모습이 된 것이라 하셨다.

로 살짝 빼내어 과도한 힘의 에너지를 분산시켜 오히려 잘 마무리해 주는 서도書道 기법과도 흡사하다고 생각되네.”

정전은 길다. 장대한 월대까지 해서 높이만도 만만치 않을 정도로 높지만 워낙 길다 보니 세장한 가녀림의 연약함이라거나 좌우로 길게 늘어서 있어서 자칫 지루함이 느껴질 수 있을 까다로운 건축물이다. 그럼에도 불구하고 정전에서는 그런 세장함이나 연약함 혹은 지루함을 느끼지 못한다.

우리의 전통 건축에서 그런 감동을 줄 만한 곳은 흔치 않다. 그런데 종묘 정전이 이렇듯 감동적인 고전적 건축미를 나타내 보이는 건 왜일까? 교수님의 말씀처럼 정전은 매우 길지만 마냥 길게 놔둔 게 아니고 양끝에 짧은 익랑을 두고 거기서 살짝 틀어서 마무리했다. 건축 자체의 강한 힘과 건축물의 뒤를 부드럽게 감싸 주는 수목들, 정전 앞을 굳건한 반석처럼 받쳐 주는 월대는 종묘 정전의 건축미를 더해 주는 고도의 건축술이다.

정전 건축의 용마루 위로 겨울의 앙상함을 솔직하게 드러낸 겨울 교목이 가득하다. 어쩌면 지극히 당연한 이야기겠지만 건축을 주변 경관과 같은 건축 외적인 요인으로 해석한다는 것, 교수님의 시각에서 그런 이야기를 듣게 된다는 것도 당시의 나로서는 무척 고무적인 일이었다.

나는 학부 때 건축을 전공했다. 건축을 다른 시각에서 보고 남다른 방식으로 접근하겠다는 나름대로의 목표를 가지고 대학원 석사과정에서 조경학을 이수했다. 그리고 다시 건축으로 박사과정을 하려 했으니 그런 배경이 란트체텔 교수와 인연을 맺게 해 주었을지도 모른다. 건축을 건축 외적인 요인으로 이야기하셨고, 애초에 건축이 태어날 때부터 지니고 있었던 원천을 찾아 올라가야 한다고 하셨다. 그걸 종묘 정전의 건축의장을 해석하는 과정에서 마주하게 된 것이다. 교수님과 답사 여행이 거의 끝나던 즈음 자문자답해 본 적이 있다.

“전통 건축의 특징이 뭔지 아나?”

“글쎄, 자연에 순응해 과하지 않고 소박하게 있는 듯 없는 듯 인공이 가미되지 않은, 자연에 가까이 가고자 했던 사람들 마음이 가득 담긴 그런 것?!"

"아니, 뭐 그런 이상한 말장난이 아닌 전통 건축의 구체적이고 진정한 특징 말이야!"

전통 건축의 구체적이고 진정한 특징, 그걸 몸으로 느낄 수 있는 방법 중 하나는 직접 촬영을 해 보는 것이다. 우리 전통 건축은 담장에 둘러싸이거나 혹은 부속건물에 둘러싸이는 등 어떤 형태로든 작은 마당을 둘러싼 공간들을 가지고 있다. 그런데 그 공간은 건축물 전체를 한 장의 사진에 충분히 담아 넣을 수 있을 만큼 충분히 크지 않다. 교수님께서도 전경을 담을 수 있는 자리를 찾을 때마다 참 고심을 하곤 하셨다. 매우 폐쇄적 공간감이 느껴진다는 말이다. 물론 서구의 공간 이론에서 이야기한 적정 공간의 크기에 비해 규모는 훨씬 작다. 그렇다고 아예 협소한 것은 아닌데, 참 묘하게 애를 달구는 그런 조금의 모자람이 있다. 종묘 정전의 전경을 사진에 담아 보려고 하지만 담장 모서리나 귀퉁이에 바짝 붙어서, 그것도 모자라 잔뜩 몸을 움츠려서 찍어도 아슬아슬하게 모두 잡히지 않는 딱 그만한 정도 크기의 마당이 있다.

교수님의 사진 촬영 모습을 옆에서 지켜보며 심심찮게 접했던 일이었다. 경복궁 근정전에서도 그랬고 전통 마을의 주택들을 다니면서 여러 곳에서 수시로 만났다. 충분히 넓은 월대를 앞에 두고 장대하게 선 종묘 정전에서도 그런 현상이 뚜렷하게 나타난다.

창덕궁

창덕궁은 그때도 지금처럼 자유 관람이 허용되지 않았다. 궁궐과 후원 모두 반드시 해설자의 통제에 따라 집단을 이루어 다녀야 했다. 집에서 출발하기 전에 창덕궁 관리실로 전화를 했다. 외국인 손님을 모시고 안내를 해야 하는 학생인데 혹시 자유 관람을 허락해 줄 수 있는지. 전혀 어려움 없이 그러시라는 답을 받았다. 자유 관람 허가 표시로 작업반장 완장을 차고 곧바로 인정전으로 향했다.

인정전, 자연과 인공의 조화를 꾀한 배치

우리 전통 건축에서 나타나는 자연과의 관계를 이야기한 많은 글들을 접하면서 우리 전통문화의 우수성에 자부심을 느끼며 뿌듯함을 가졌다. 그러나 냉정하게 보면 모두 밑도 끝도 없이 나열한 미사여구들이다.

"산의 둥그스름한 능선을 닮아 초가지붕의 부드러운 곡선이 나오고, 아름다운 자연을 닮은 소박의 미학이 있으며 오랜 인고의 역사를 안은 한과 슬픔이 담긴 공간."

예를 들면 그렇다. 뭔가 가슴에 와닿는 듯 공감이 되는 것 같다가도 "그게 뭐지?"라며 반문해 보면 끝없이 공허해지는 거다.

한국적 건축, 한국적 경관의 특성은 무엇인가? 석사논문을 준비하던 이래로 오랫동안 뇌리에 있던 그 화두를 끄집어낸다. 경복궁 근정전에서 그런 것처럼 창덕궁 인정전에서도 산을 포함한 다양한 자연 요소들과의 상관된 관계에서 우리의 건축을 해석해 볼 수 있을 것 같다. 비단 궁뿐 아니라 민가나 정자에서도 자연과 상관된 의도된 계획이 분명할 것이다.

어떻게든 건축의 외형적 형식미와 시각적 형식미를 결부시켰을 작정자의 의도를 살피고, 그게 진정 자연과 관계되고 있는 것인지 실마리를 풀어 보아야 했다. 교수님과 인정전에 갔을 때에도 우리나라 전통 건축의 미학적 논의의 핵심 주제는 건축과 자연의 관계였다.

인정전을 마주하고 인정문에 서면 근정전의 경우와는 달리 인정전에는 회랑 너머로 받쳐 주는 뭔가가 없다. 있어야 할 산이 없다. 건축물 뒤에서 든든한 배경이 되어 주어야 할 그 빈틈을 무성한 나무가 받쳐 주고 있다. 인정전에서는 교수님께 별다른 설명을 드리지 않았지만, 사실 나 혼자 궁금한 게 있었다. 이 건축을 계획할 당시 정말 산과 건축, 자연과 건축의 시각적 형식미를 고려했을까?

인정전을 촬영한 사진은 두 컷이 있었다. 둘은 이어 붙일 수 있지만 애초에 파노라마로 촬영한 게 아닐 것 같다. 한 장은 인정전을 정면에서 촬영한 것이고, 또 하나는 인정전 왼쪽, 배경을 보고 촬영한 것이다. 나머지 오른쪽 컷이 하나 더 있었으면 좋았을 텐데, 인정전의 오른쪽 한 컷 없이 둘만으로는 완전한 파노라마가 되지 않는다. 그런 거라면 파노라마를 의도한 사진이 아니라 한 자리에서 각각 별개로 두 컷을 촬영하셨을 것이다. 왼쪽에는 뭔가 흥미로운 게 있는데 오른쪽에는 그럴만한 게 없어서였을까.

인정문을 막 들어서면서 인정전을 똑바로 주시하면 인정전을 중심으로 좌우가 대칭일 것 같지만, 자세히 보면 그렇지 않다. 오른쪽은 회랑의 일부를 이루듯 작은 부속 건축으로 이루어져 있는데 왼쪽은 그렇지 않다. 오른쪽의 그만 한 정도 되는 곳을 화계로 구성해 참 묘한 비대칭 그림을 이루게 해 놓은 것이다. 교수님의 사진에서 인정전 왼쪽 후면은 화계가 아닌 회랑이다. 지금 모습, 얼핏 보면 대칭인데 자세히 보면 비대칭을 이루는 모

인정전 회랑 너머에는 인정전을 받쳐 줄 산이 없는 대신 무성한 나무들이 있다.
인정전을 계획할 당시 산과 건축, 자연과 건축의 형식미를 고려했을까?

1906년 인정전(위)과 1910년에서 1917년 사이에 촬영한 것으로 추정되는 인정전(아래).
왼쪽의 화계였던 부분에 오른쪽과 똑같이 회랑을 둘러 놓은 것을 확인할 수 있다.

출처: 위-《ろせった丸滿韓巡遊紀念寫眞帖》, 国立国会図書館近代デジタルライブラリー,
YDM26674, p. 65; www.ko.wikipedia.org

아래-《일본 궁내청 소장 창덕궁 사진첩》, 문화재청 창덕궁관리소, 2006, 17쪽습이 된 것은 1990년대 인정전 일곽에 대한 수리 보수를 할 때, 새로 개수된 걸로 보인다. 대칭을 이루는 게 답일까, 비대칭인 게 답일까?

1906년으로 명시된 옛 사진에는 한쪽은 분명 화계이고 다른 한쪽은 회랑 혹은 마치 회랑처럼 서 있는 작은 별도의 건축물로 되어 있다. 정확한 연대를 알 수 없지만 1910년에서 1917년 사이에 촬영한 것으로 추정되는 다른 사진을 보면 화계였던 부분에 오른쪽과 동일한 형식의 회랑으로 처리된 게 보인다. 그걸 바탕으로 보면 대칭으로 회랑을 둘러놓았던 1990년대까지의 모습은 인정전 일곽의 면모가 달라지기 시작한 것으로 보이는 일제 강점기에 개·보수한 결과이다. 그러나 한 점의 사진은 변화되기 이전의 옛 모습을 증명해 주기 충분하지만, 그게 원형인지 밝혀 주지 않는다. 혹은 그게 원형이라 하더라도, 왜 그렇게 약간 비대칭이 되게 했는지는 말해 주지 않는다. 답은 언제나 현장에 있다.

경복궁의 근정전처럼 건축을 좌우 대칭되게 계획하고 일곽을 모두 중심축을 기준으로 균형을 맞추는 건 어렵지 않지만, 그 배경을 이루는 자연, 특히 산봉우리나 능선 같은 것까지 균형을 이루게 해 놓을 수는 없다. 근정전은 북악산을 왼쪽 옆으로 비스듬히 놓이게 하고 상대적으로 그 오른쪽의 낮고 길게 뻗은 능선으로 좌우 무게의 균형을 이루게 한 것이다.

인정전 배경에는 근정전의 북악산처럼 솟아오른 봉우리가 없다. 나지막한 언덕 봉우리와 거기 숲을 이루는 무성한 나무가 배면을 받쳐 주고 있으니 근정전에서 했어야 했던 배치 계획 고민은 없었을 것으로 보인다. 그러나 조금 자세히 들여다보면 인정전에도 좌우균형을 맞춰 놓으려 애를 썼던 부분이 눈에 띈다.

북한산에서 흘러온 내맥이 두 갈래로 나뉘어, 한쪽으로는 북악을 이루며 흘러가고 다른 한쪽으로는 동쪽으로 낮은 능선을 이루며 길게 달려오다가 매봉에서 잠시 멈칫해 급히 남쪽으로 방향을 잡아 후원의 숲을 크게 동서 두 지역으로 나누는 굵직한 맥이 된다. 인정전 뒤쪽 언덕은 그 맥이 달려와 멈추면서 생긴 자리다. 인정전은 멈춘 자리 바로 앞에 자리 잡았다. 이처럼 산기슭에 바짝 붙어 입지한 건축에서 근정전처럼 사방에 회랑을 두고 그 중앙에 정전을 두는 완전한 회랑식의 배치 형식은 무리가 있다. 근정전 같은 완전한 회랑식의 배치 형식은 신라의 사찰 황룡사지처럼 온전한 평지에나 가능하다.

인정전 경우처럼 산기슭에 바짝 붙은 데다가 그 앞으로 종묘 뒤 언덕과 숲을 이룬 구릉이 있어서 다소 주름지고 협소한 대지라면 여러모로 절반의 회랑식이 어울린다. 인정전은 앞으로는 인공의 공간인 회랑이, 뒤로는 언덕과 후원을 갖춘 자연 공간의 경계에 걸쳐 있으면서 자연과 인공을 함께 해결하려고 한 것이다. 그런 걸 두고 사람들은 자연과 인공의 조화라고 말한다.

인정전의 왼쪽은 비탈이 바짝 붙어 있고 오른쪽은 급경사로 사면을 이루면서 삐죽하게 끝나버린 비탈면으로 뒤쪽에 애매하게 자투리 땅이 남게 되었다. 자연히 오른쪽은 왼쪽처럼 화계로 마무리하기 어려운 공간이다. 그래서 편전인 선정전과의 연결을 고려한 회랑식의 복도를 만들었고 그 결과 얼핏 좌우가 대칭인 것처럼 보이지만 실은 그렇지 않은 모습이 생겨나는 것이다.

눈여겨봐야 할 한 가지가 더 있다. 인정전 왼쪽으로, 회랑의 지붕 너머로 뾰족하게 솟아오른 산봉우리 하나가 눈에 두드러지게 보인다. 북악의 봉우리다. 이런 걸 상대해 줄 만한 무언가가 오른쪽 너머에 있어 주면 좋겠지만, 자연의 지형은 그렇게 계획가의 의중에 따라와 맞춰 주지 않는다. 때로는 이처럼 그리 눈에 두드러지지 않은 소소한 부분이라면 그냥 모른 척 넘어갈 일일지 모르나 여기서는 이를 그냥 지나쳐 보내지 않았다.

인정문에서 왼쪽으로 북악이 내려다보이는 각과 대칭되는 각을 이루는 방향의 선상에 회랑 너머로 편전인 선정전의 묵직한 지붕이 쑥 솟아올라 있게 처리되어 있다. 선정전을 대각선상의 어느 지점에든 자리하게 하면 어렵지 않게 해결할 수 있는 부분이다.

인정문 앞의 향나무와 잔디밭. 인정문의 양쪽 두 칸은 벽으로 막혀 있었지만(위)
지금은 원형에 근거해 복원되었다(아래).

어느 처마 아래 툇마루에 교수님과 나란히 걸터앉았다. 툇마루에서 똑바로 보이는 곳은
전각의 후원도 아니고 앞마당도 아닌 애매한 공간이지만 그리 잘 생기지도 않은 소나무
한 그루의 가지가 그 애매함을 적당히 채워 주고 있었다(위). 지금 그 소나무는 보이지 않고
애매한 공간만 남아 있다(아래).

궐 안의 점경들

교수님은 창덕궁 안 곳곳에 묻어 있는 서구문화의 흔적들을 흥미롭게 바라보셨다. 구한말 서구인들의 조선 여행기에서 익히 만날 수 있는 것처럼, 약간의 관심만 기울이고 보면 고종은 커피 마니아이자 서구문물의 적극 수용자였다. 서구 여행자들을 기꺼이 접견하고 서구식 파티를 열기도 했다. 구한말 혹은 최소한 일제 강점기 이전까지 황실은 서구문물에 호의적이고 수용적이었다. 강요든 자연스런 수용이든 창덕궁 곳곳에는 우리의 전통과 근대 서구문물의 영향이 스며 있는 곳들이 여럿 있다. 희정당에는 마차나 자동차에서 타고 다니거나 내리도록 현관 램프와 캐노피를 갖춘 부분이 있고, 응접실 실내 장식에 등기구가 달리거나 응접 세트가 갖추어져 있다. 인정전의 샹들리에도 생소하거나 혹은 신기하게 보일 수 있다. 이 모든 흥미로울 수 있는 현상들은 구한말과 일제 강점기를 거치면서 자연스럽게 스며든 근대화 과정의 흔적이 아니겠는가.

교수님과는 딱히 목표한 것 없이 궁 안의 크고 작은 마당들을 거쳐가면서 한적한 분위기를 만끽했다. 어느 처마 아래 툇마루에 걸터앉았다. 눈이 녹아 처마 아래 마당에는 똑똑 낙숫물이 떨어지고 있었다. 주위에 어떤 방해되는 일도 방해하는 사람도 없이 온 왕궁을 다 차지한 듯 한참을 앉아 있었다.

흥미롭게 집중하신 곳은 현재 후원으로 들어가기 위해 별도로 매표를 하고 시간 맞춰 안내자의 인솔을 기다리며 서성대곤 하는 낙선재와 그 일대의 작은 일곽을 이룬 언저리에서였다. 창덕궁과 창경궁 사이에 육각형의 누각을 올려 놓아 멋을 낸 담장이 있는데, 교수님은 "두 지역을 효과적으로 경계 짓고 동시에 그 경계를 뛰어 넘어 함께 공존되는 의장술이 돋보이는 건축"으로 보셨다.

정자라면 남산 팔각정처럼 산꼭대기에 놓인 팔각정 같은 걸 떠올릴지 모르지만 남산 팔각정은 이승만 대통령 시절 대통령의 호를 따서 우남정으로 건립된 것으로, 실제로 우리나라의 전통 건축에서는 산 정상에 올

동궁전 일곽의 부속시설인 육각형 누각 삼삼와와 월랑인 칠분서가 담장에 바짝 붙어 있으면서 광장에 면해 있다보니 담장으로 안팎을 경계 지어 주는 "흥미롭게 배치된" 건축처럼 보였다.

려 놓은 정자는 물론이고 궁궐 후원 같은 데라면 모를까 육각형이나 팔각형의 건축도 나타나지 않는다.

동궐도와 정조 연간의 기록을 바탕으로 해석해 보면 후원으로 들어가는 매표소 앞의 넓은 곳에는 원래 중희당이라는 동궁전이 있었다. 동궁전 일곽의 부속시설로 육각형의 누각 삼삼와가 있고, 복도 같은 모습의 월랑 칠분서와 이층 누각의 동궁 서고였던 승화루와 잇닿아 있었다. 현재는 중희당이 없어지고 그 둘레로 담장을 둘러놓아 중희당 일대는 후원 입구 매표소 광장이 되었다. 그런데 삼삼와와 칠분서가 담장에 바짝 붙어 있으면서 광장에 면해 있다 보니 마치 담장으로 안과 밖을 경계 짓되(교수님의 표현을 빌자면) 육각형의 정자와 복도식의 건축 형식으로 마무리해 "흥미롭게 배치된" 건축이 된 것이다. 원래 그런 경계 처리의 기능으로 태어난 게 아니라 동궁전 일곽을 이루는 일부였다가 동궁전 일대가 바뀌면서 지금처럼 묘한 경계 처리된 의장의 건축이 된 것이다.

망춘문

한자로 된 이름은 풀어 설명해야 했다. 창덕궁 궁궐지역을 벗어나 후원으로 들어가는 매표소 바로 옆 망춘문_{望春門}이란 현판이 붙은 작은 문이 있다. 후원으로 드는 길이 지금의 관람로처럼 그렇게 넓은 길도 아니었을 것 같고 그런 동선을 그리고 있을것 같지도 않은데, 혹 만에 하나 이 길이 있었다 하더라도 작업과 관리 혹은 순찰을 위한 소위 관리용 도로였을 것 같다. 그랬을 때 이 망춘문은 후원으로 드나드는 정식 통로에 놓인 문이었을 것이다. 그런데 이 이름의 한자가 재미있다. 첫 글자, 왼쪽 위에 신하란 뜻의 '臣(신)'이 있고, 그 오른쪽에는 '月(월)', 그리고 아래에 '王(왕)'으로 구성되어 있다. 한 글자 안에 임금과 신하 그리고 달이 한데 모여 있다.

"꼭 이들 셋을 한 자리에 모아 놓느라 그런 건 아니겠지만, 일단 글자 자체를 풀어헤쳐 놓으면 그렇게 됩니다."

"재미있군. 인간과 자연의 관계에 군신 간의 관계를 더해 넣어 만든

망춘문(望春門). 망 자에는 왼쪽 위에 신하란 뜻의 '臣(신)'이 있고, 그 오른쪽에는 '月(월)', 아래에 '王(왕)'이 있다. 한 글자 안에 임금과 신하 그리고 달이 한데 모여 있다.

게 참 흥미로워."

이 한자는 통상적으로 사용하는 글자가 아니어서 어떻게 읽는지 아는 사람이 많지 않지만 요즘은 해설사들의 완벽한 가이드에 의해 일반적으로 쓰는 바라본다는 뜻의 '望(망)'과 동일한 글자로 그냥 '망'이라 하면 된다. 따라서 이 문은 '망춘문'이라는 사실도 많이 알려져 있는 것 같다.

"그렇게 조합된 저 글씨의 뜻은 뭔가?"

"바라본다는 뜻의 '망'입니다."

이 이름의 한자 뜻을 그대로 옮기면 '봄을 기다리다, 봄이 오는 걸 바라본다'로 해석될 수 있지만 너무 평범하며 재미없이 싱거운 뜻이 되어 버린다. 보는 입장에 따라 해석하는 입장에 따라 망춘문은 조금씩 다른 색깔이 되어 나온다. 신하와 왕과 달이 한데 엮여 만들어진 글자, "朢", 교수님의 상상 속에서 망은 달을 두고 신하와 왕이 하나의 마음이 된다. 혹은 둘이 모두 같은 시선으로 달을 본다는 정서를 담고 있으면서 달은 이들의 시선을 하나로 모아 주는 매체가 된다. 그런데 사전에는 "朢春 : 망춘=개나리"라고 나온다. 개나리란다. 전통적으로 개나리가 의미하는 상징이 있는지 잘 모르겠지만 이 문을 일명 개나리 문이라 해 두면 유치원생들도 좋아할 예쁜 이름의 문이 되는 것이다.

창덕궁 후원

주합루원, 우주 만물의 공간

망춘문을 한쪽에 두고 후원으로 접어드는 숲길로 들어섰다. 정원에 관한 이야기를 하기에는 아직 나는 건축가의 자질이 강한 상태였기에 창덕궁 후원에서는 어떤 설명이나 해설을 하지 않고 한적하게 산책이나 해야겠다는 생각을 했다. 교수님도 별반 물어보지 않으셨고, 오랜만에 고궁의 고즈넉한 분위기에 취해 편안했다.

반듯한 모습의 연못 부용지와 연못에 발을 담그고 있는 정자 부용정이 어우러진 아름다운 정원이 주합루원 일대이다. 이 일대는 창덕궁 후원 중 가장 인기 있는 장소이다. 주합루는 2층 누각 형식으로 아래층은 장서를 보관한 규장각이고, 위층은 정조가 신하들과 경연을 펼친 곳이다. 주합루와 마주보며 연못가에 놓여 있는 정자가 부용정이다. 주합루에서 부용정을 바라보는 방향에서 왼쪽에 있는 건물은 영화당이다. 영화당 앞의 마당과 그 일대는 춘당대이다. 조선시대에는 과거장이 되기도 했다. 춘당대 아래에 지금은 창경궁에 속해 있는 춘당지가 있다.

"저기 부용정을 볼 때마다 물에 발을 담그고 있는 한 사람을 보는 듯합니다. 발 담고 있는 곳은 연못이지만, 맞은편의 주합루 덕에 이 연못은 만물이 가득한 자연, 우주 만물의 공간이 됩니다. 주합宙合이란 우주와 하

부용지는 주합루 앞에 자리한 반듯한 모습의 연못이고 연못에 발을 담그고 있는 정자는
부용정이다. 이 일대 주합루원은 창덕궁 후원 중 가장 아름답고 인기 있는 장소다. 위 왼쪽부터
시계 방향으로 부용지 가운데의 둥근 섬, 영화당, 사정기비각, 어수문과 주합루이다.

우주 만물의 공간인 부용지에 부용정이 발을 담고 있는 모습은 우주 만물의 이치에 한 자락
살그머니 끈을 대고 있는 한 면이다.

나가 된다는 것이지요. 저기는 영화당과 춘당대라 부르는 영화당 마당입니다. 춘당대는 과거장이 되기도 했답니다. 영화당을 보면 과거에 급제해 영화당에 올라 어사화를 받잡는 한 젊은이를 떠올릴 수 있습니다. 선비로서 학문에 정진하는 것은 성리학의 최고 인격도야의 길이었습니다. 학문 정진의 궁극은 과거 급제와 관리로 등용되는 일입니다. 물론 학문은 취하되 벼슬길에는 오르려 하지 않았던 사람들도 있었습니다만, 열심히 학문을 닦고 그 결실로 급제를 한 사람은 자신의 학문의 목적인 인격도야의 궁극을 나타내 보이는 것이라 할 수 있습니다."

영화당은 인간과 우주의 관계를 엮어 주는 매체가 된다. 우주 만물의 공간인 부용지에 부용정이 발을 담고 있는 모습은 우주 만물의 이치에 한 자락 살그머니 끈을 대고 있는 한 면을 나타내 보인 거라고 나름대로의 스토리를 만들어 설명해 드렸다. 교수님께서 찍은 두 장의 슬라이드 사진은 그런 나의 설명에 어울리는 하나의 파노라마 장면을 보여 주고 있다.

불로문, 연경당 영역의 시작 지점

금마문과 불로문은 주합루로부터 연경당 쪽으로 들어오는 길목에 길게 늘어선 담장에 설치된 문이다. 금마문은 평범한 나무문이지만 불로문은 통돌을 깎아 만든 돌문이다. 불로문을 지나 담장 안으로 들어가면 커다란 방지가 있고 연못너머 야산의 숲으로 이어지는 기슭에 바짝 의지해 부용지처럼 물에 다리를 담그고 서 있는 정자가 보인다. 애련지와 애련정이다. 여러 차례 창덕궁 후원을 답사해 봤지만 연못을 돌아 애련정이 있는 곳을 찾아가는 사람을 본 적이 없다. 애련정은 들어가 앉아 즐기기 위한 곳이 아니라 물가에 놓인 한 폭의 그림이 되도록 해 주는 역할을 하는 것 같다.

금마문과 불로문은 연경당 솟을대문과는 멀리 떨어져 있지만 금마문과 불로문을 지나 들어오면 연경당 영역으로 들어온 느낌을 받게 된다. 방지가 있고 솟을대문이 있는 것이 강릉 선교장이나 논산 명재고택의 공간 구성을 떠오르게 한다. 강릉 선교장의 활래정과 방지에 도착할 즈음이

통돌을 깎아 만든 돌문인 불로문은 주합루로부터 연경당 쪽으로 들어오는 길목에 길게
늘어선 담장에 설치된 문이다.

현재 불로문 일대.

불로문을 지나면 애련지가 있고, 그 너머 야산의 숲으로 이어지는 기슭에 바짝 의지해
애련정이 서 있다. 애련정은 들어가 앉아 즐기기 위한 곳이 아니라 물가에 놓인 한 폭의
그림이 되도록 해 주는 역할을 하는 것 같다.

면 선교장 본채와는 꽤 멀리 떨어져 있음에도 불구하고 선교장 안으로 쑥 들어온 느낌을 받는다. 논산 명재고택에도 고택 앞 멀리 떨어진 곳에 장방형의 큰 연못이 있는데 연못 언저리에서 이미 고택 마당에 들어온 듯한 느낌을 받는다.

고택은 주인 입장에서 살피는 게 좋다. 고택을 방문하는 방문객들은 주차장이나 매표소로부터 천천히 걸어 들며 집안에 들어선다. 여기저기 둘러보고는 기분 좋게 돌아 나와 오던 길을 되밟아 나가는 게 일반적이다. 그런데 주인은 그렇지 않다. 집에서 나오면서부터 바깥을 살펴간다. 강릉 선교장의 활래정과 연못 그리고 논산 명재고택의 장방형 연못은 각각 문 밖을 나서면서(선교장) 혹은 누마루에서(명재고택) 밖을 내다볼 때 바라보이는, 특별난 경관을 만들어 놓는 조경시설들이다. 연경당의 장락문 솟을대문 밖을 나오면서 애련지와 불로문 쪽으로 고개를 돌려 내가 주인이 된 입장으로 '눈 여겨' 보면, 불로문을 지나 연경당으로 들어올 때 만나본 그것과는 다른 느낌을 받을 수 있다. 애련지와 애련정, 불로문, 금마문은 각각 별도의 대상으로 여겨지는 것들이지만 연경당 대문 밖에서 불로문, 금마문 쪽을 바라보면 이들이 모두 연경당의 일곽을 이루며 연경당 집 앞의 넓은 뜰 같은 느낌으로 다가온다.

연경당, 조선 최고의 기술이 집약된 공간

연경당 후면에서 흘러든 물길은 솟을대문 앞에 작은 다리 하나를 만들게 했다. 이 물길은 계속 흘러내려 애련지와 애련정의 방지와 정자가 있는 경관을 펼쳐놓는다. 이 다리를 건너 대문 안으로 들어가면 행랑마당이 나오고 그 너머에는 조선시대 최고 수준의 기술로 지은 연경당의 드라마틱한 공간이 나타난다.

연경당에서 교수님은 창호 문양, 난간의 아름다운 디테일, 안채와 사랑채가 단정히 자리 잡고 있는 마당과 뒤편 언덕 위의 예쁜 정자까지 포함해 잘 배치 계획된 건축적 아름다움에 매료되신 것 같았다.

솟을대문을 들어가면 조선시대 최고 수준의 기술로 지은 연경당의 드라마틱한 공간이 나온다.

연경당은 안채와 사랑채가 단정히 자리 잡고 있는 마당과 뒤편 언덕 위의 예쁜 정자, 창호
문양, 난간의 아름다운 디테일까지 잘 배치 계획된 공간이다.

연경당은 순조가 사대부 집을 본 따 사대부 생활을 체험하고자 만든 것이라 하고 또 어떤 이는 연경당 가옥과 마당의 구조가 연희 공연을 벌이기 알맞게 계획된 공간이라 하기도 한다. 사실 연경당은 효명세자가 왕세자로서 부왕 순조로부터 대리청정을 위임받고 그 첫해 부왕의 연희를 벌이기 위해 만든 곳이다. 효명세자는 왕위에 오르지 못하고 세상을 떠났다. 부왕을 위해 사대부 집을 본 딴 연희 공간으로 마련한 연경당은 사대부 체통을 잃지 않되 호사스러운 건축으로 지어졌을 것이다.

수원 화성

전철로 수원역까지 가서 버스를 타고 곧바로 화홍문으로 향한다. 수원성의 여러 사진 중 장소가 너무 확실하기에 우선 거기부터 해결하려는 거다.

사진의 각도나 모양새로 봐서 수원천이 흘러내리는 천변에서 화홍문을 남서 대각선 방향에서 바라볼 수 있으면서 화홍문의 오른쪽 언덕 위로 비스듬히 올라서 있는 방화수류정이 한눈에 들어오는 곳, 화홍문 일대를 가장 아름다운 각도로 바라볼 수 있는 '그곳', 당연히 거기거니 했다.

짐작했던 그 자리에는 친절하게도 수원시에서 '포토 존'을 표시해 두었다. 그런데 여기서는 교수님 사진의 장면이 나오지 않는다. 전혀 예상치 못한 상황에 부딪쳐, 예상했던 하루 일정이 거의 흐트러지나 싶다. 화홍문이 바라보이는 수원천변을 오르내리다가 전혀 예상하지 못한 곳에서 사진 속의 장면을 만난다. 성 밖 가까이에서 화홍문 문루와 수문과 성벽을 촬영한 한 컷, 그리고 성곽 바깥 멀리서 수문과 성벽, 그 뒤의 가깝고 먼 곳의 언덕과 능선이 성곽으로 흘러드는 모습이 한곳에 모여 드는 한 컷이다. 교수님이 주목하신 것은 성안에서 본 화홍문 문루와 방화수류정과 언덕이 이루는 아름다운 풍경이 아니라 성 밖에서 바라보이는 방어벽 외부의 수문과 방벽 그리고 외부를 감시하는 화홍문 문루와 성벽이었다.

성 밖에서 바라보는 화홍문은 수문 위에 올라앉은 탄탄한 방벽이자 외부를
감시하는 문루로서의 모습이 뚜렷하다.

원래 성곽의 존재 이유는 방어다. 밖에서 쏟아져 드는 화살과 터지는 포탄을 막고 성 안에서 유리하게 화살과 포탄을 쏟아 붓기 위한 시설이다. 그런데 수원성은 치열한 공성전 같은 호된 모습이 잘 상상되지 않는다. 워낙 효원의 도시라는 겉으로 드러난 이미지, 역사적 의의나 역사적 경관을 담을 겨를이 없을 정도로 성곽의 선이 자연과 어우러진 아름다움 때문일 것이다. 기능과 형식에서 성곽이 갖추어야 할 것들을 두루 지키긴 했지만 건립 당시부터 워낙 호사스러운 의장이 되도록 힘을 준 곳이라 더욱 그럴 것 같다. 교수님은 그러나 수원성의 방어벽을 먼저 보고 계신 거였다.

수원성은 내 석사논문 연구대상지였다. 논문을 쓰는 동안 성곽을 따라 수없이 걸었고, 팔달산 능선을 오르내리면서 능선을 따라 꾸물꾸물 꿈틀거리는 성곽의 선형에 눈길을 주었다. 거기에는 자연과 인공이 만들어 낸 극적 형상이 있었다. "드라마틱하다"는 형용사를 붙일 만했다. 만약 용이 실제로 있고, 용틀임이란 걸 형상화하게 된다면 어쩌면 저런 모습이겠구나 생각도 했다. 인공의 선인 성곽의 선형이 없었다면 자연의 굴곡은 결코 눈에 띄지 않았을 것이다.

교수님의 사진에 담긴 자연과 인공의 선형 역시 거의 내 기억 속 이미지를 닮아 있었다. 교수님의 화성 사진에도 성곽의 선이 흘러가며 오르내리는 대지의 굴곡, 좌우로 크게 휘어가는 곡선의 선형, 원경과 근경이 겹치면서 새로운 광경을 만들어 가는 아름다움이 가득했다. 어디선가 본 것 같다는 느낌이 든 것은, 좀 뜬금없지만 크리스토 Javacheff Christo 의 대지조형이다.

성곽, 시간을 정지시켜 놓는 선

성곽은 중요한 문화재로서 도시개발과 도시의 확장을 제한하고 저해하는 선이다. 현대도시의 시간을 정지시켜 놓는다. 성곽 안팎의 경관은 무작정 확장되어 가려던 의지를 단념하고 성곽의 선을 따라 평행이 되어 흘러간다. 성곽 주변의 일정한 범위는 문화재보호구역으로 원형보전과 문화재의 관리

크리스토의 대지조형을 연상케하는 화성 성곽의 선

를 위한 최상의 조처가 보장되는 곳이다. 그러나 문화재 관리를 위한 정비가 반드시 원형보전과 그에 따르는 경관적 가치, 역사경관이란 폭넓은 시각까지 충분히 고려된 것인지 생각해 볼 문제다.

도시를 경관으로 다뤄야 한다는 주장은 1950년대 영국의 컬렌 Gordon Cullen이 "타운스케이프Townscape"에서 논의한 것에서 비롯된다. 컬렌은 기본 방향, 인위적인 절단과 결합, 단절이나 소통과 같은 물리적으로 접근되는 기술만으로 도시의 다양한 성격에 제대로 접근할 수 없다고 한다. 컬렌이 주창한 "경관"적인 접근은 공간을 읽고 그 안에 있는 사람들의 일상 생활환경으로서 삶의 방식에 영향을 주는 환경과의 관계에서 고려되어야 하며, 눈에 잘 띄지 않는 요인에 대해 관심을 가져야 할 것을 강조했다.

도시 환경에서 "경관"의 존재와 그 중요성을 주장한 최초의 논의다. 도시 경관이란 분야가 그로부터 시작되었다. 조경학이 우리나라에 정착된 지 오래되었고, 경관이란 말이나 도시 경관이란 말도 결코 생소하지 않게 되었다. 하지만 용어 따로 실제 집행 따로가 아닌가 싶다. 문화재를 제대로 보존하고 현대 도시 경관 속에서 제대로 활성화되어야 할 수원 화성 일대에서 컬렌이 말한 도시 경관은 제대로 뿌리를 내리지 못하고 있다. 문화재 보호구역에서 역사와 현재가 서로 잘 공존되며 나란히 발걸음을 맞추기 위해서는 어떤 현대적 손질을 가하면서도 일상의 생활 모습과 양식을 주기적으로 살펴 보이지 않게 느낄 수 없을 만큼의 속도로 진행해야 한다.

석사논문에서 수원성의 경관을 주시하고 논의한 이후 30년이 넘었다. 교수님을 모시고 왔을 때로 따져도 근 30년이 다 되어 가지만, 수원성과 성내 도심은 뭔가 참 어긋나 보인다.

정말 문화재 관리와 관광 활성화의 고차 방정식이 난해해 풀기 어렵다고 생각되면 단순하게 초심으로 돌아가 보는 거다. 정조가 화성 축조를 계획하고 시행 계획을 수립했던 그 즈음의 생각을 되짚어 보는 것이다.

정조의 화성 건설은 치밀한 계획에 바탕을 두고 있었다. 단순히 성곽을 장대하고 화려하게 꾸미면서 도시 하나를 건설하는 정도에 그친 게

성곽을 따라 이어지는 성곽 산책로 안팎에 보이는 1980년대 중반의 수원성 주변 경관

아니라, 도시가 제대로 자리 잡고 성장하기 위해서는 활발한 시장이 이루어져야 한다는 원칙 아래 팔도의 부자들을 화성으로 이주하게 하는 계획을 마련했고, 둔전과 저수지 시설을 대대적으로 시행하는 농경정책도 수립했다. 뿐만 아니라 현륭원 능행을 기존의 남태령을 넘어 과천과 인덕원을 경유하는 길이 아니라 시흥을 거쳐 안양시내를 지나는 시흥길을 새로 개척하게 했다. 화성을 명실 공히 신도시로서 경제 거점이 되게 하며 조선 농업의 중심 거점을 이루려던 장기 마스터플랜의 일환인 것이다.

그러나 현실은 원대한 계획과 다르게 흘러갔다. 정조의 갑작스러운 죽음으로 화성의 모든 원대한 장기 계획은 한순간에 정지되어 버렸다. 신도시 화성 건설, 거중기, 《화성성역의궤》, 도시 활성화 방안, 도시 정책 등 수많은 종합계획이 미처 시행되지 못한 채 계획으로만 존재하게 된 것이다. 현재의 수원에서는 그런 걸 감안한 어떤 계획이나 노력이 보이지 않는다. 실제 정조 재위 때 어느 정도 규모로 화성에 도시가 전개되었는지, 조선시대 신도시 화성의 면모를 알아차릴 수 있는 만큼의 도시를 형성하지 못한 것인지, 그만한 도시 경관을 펼쳐놓았던 것인지 등.

진정성에 바탕을 둔 연구와 그에 어울리는 만큼의 가시화를 통한 관광화 사업과 정책을 펼쳐 가야 한다. 정조 재위시 가시화되었던 사실을 더욱 드러내 볼 필요가 있다. 화성 성곽과 성안 도시공간에 머물러 있을 게 아니라, 서호, 만석거처럼 화성 주변에 건설되었던 저수지나 지지대고개로부터 장안문으로 이어져 오던 노송지대와 같은 당시 조성되었던 가로의 흔적, 석재를 채취한 장소, 성곽 건설을 위한 작업로 등 역사경관이자 관광자원일 수 있는 것들을 제대로 드러내어도 좋겠다. 세계문화유산 화성은 세계문화유산에 등재되는 진정한 가치와 세계가 부여해 준 세계의 문화유산으로서 의미와도 아주 동떨어져 있다.

수원 화성을 담은 교수님의 사진은 많지는 않지만 결코 적지도 않다. 사진들이 담고 있는 내용은 명쾌하다. 수원성을 어떤 눈으로 볼 것인가? 수원성의 화려 장대함과 함께 수원성이 갖추고 있는 정성은 어디에서

1980년대 성곽 주변 풍경(왼쪽)과 현재의 풍경(오른쪽). 성곽이 지나는 비탈면이 깨끗이
정비되었다. 문화재 주변의 정리와 관리에서 어떤 게 바람직할지.

1986년 성벽 주변의 풍경(왼쪽)과 현재(오른쪽). 자가용이 보편화되기 전인 1980년대의 성곽 주변은 공터처럼 비어 있다. 성곽은 중요한 문화재로서 도시개발과 도시의 확장을 제한하고 저해하는 선이다.

나타나는가 하는 것들을 담고 있다. 사진이 말하는 무언의 메시지라고 할까, 반드시 교수님은 자신의 사진을 가지고 그런 메시지를 담겠다며 무슨 다큐멘터리 작가처럼 달려드신 건 아니다. 교수님의 눈에 비친 수원성은 방어체계로서의 성곽, 그러면서 주어진 도시와 도시를 받쳐 주는 지형지세와 자연 경관의 상호 조화로 보여 주는 아름다움과 같은 것들을 담고 있다.

경주

경주를 거쳐 가는 새마을호 기차가 하루 몇 차례 있어서 그걸 이용하면 경주까지 편한 여행이 될 수 있었다. 고속버스를 타고 가면 몸집이 상당히 크신 편인 교수님께는 기차만큼 편안한 좌석이 되지는 못하겠지만 그래도 도중에 휴게소에서 잠시 쉴 수도 있고 나름대로 좋은 점이 있을 것 같았다. 경주는 고속버스를 타고 내려갔다.

세찬 추위는 없었다. 따스하게 난방된 고속버스 안은 포근했고 차창 밖 앙상하게 드러난 천지의 풍경이 대조되어 느낌이 좋았다. 아직은 고층건물이 많지 않던 시절이지만 그래도 경주는 고층건물을 거의 볼 수 없는 도시로 꼽을 만했다. 잘 달리던 버스가 갑자기 고장이 났다. 비상 조치는 감명 깊을 정도로 신속했다. 교수님도 내심 감동 받으셨는지 항상 이렇게 신속하냐 물으시기에 항상 그렇진 않고 오늘은 다소 특별한 경우 같다고 했더니 당신이 보기에도 좀 그런 것 같다 하셨다.

경주에서 잠시 숨을 고른 후 양동과 매곡을 둘러볼 계획이었다. 조금 더 남쪽으로 내려가 통도사를 들러 전통 사찰도 포함할까 했는데 답사지를 너무 방만하게 넓혀 가면 오히려 혼란스러울 수 있다는 교수님의 말씀이 있어서 그 계획은 없던 걸로 했다. 대신 답사 후보로 삼아 두었던 하회에 들르기로 해 우리 답사 여행의 주제는 전통 마을로 정해지고 있었다.

1980년대 경주에서는 고층건물을 거의 볼 수 없었다. 아래 사진은 현재 경주 모습이다.

토함산, 불국사와 석굴암의 구심점

1975년, 대학을 졸업하면서 바로 환경대학원 조경학과에 진학을 했다. 우리나라 대학에 조경학과가 처음 생긴 것은 1973년, 대학 3학년 때였다. 1975년은 대학원 입학과 휴학, 5월초 군 입대라는 일련의 바쁜 수순을 밟던 때였다. 휴학하기 전 대학원 연구소에서 어떤 보고서 작업을 도왔는데, 정확한 명칭이 기억나지 않지만 불국사 일대 정화 사업을 위한 기본 계획 보고서였다. 불국사를 포함한 토함산 일대의 지형과 토지 이용, 경사 분석과 식생 등 상세한 현황 조사 분석도와 함께 철거 이전할 주거지 그리고 정화 사업을 위한 기본 계획도가 포함되어 있었다. 대학시절 갈고 닦은 꼼꼼한 도면 작업 능력으로 작업팀에게는 작지 않은 도움을 주었다. 건축을 전공한 나로서는 그때 처음으로 경관 조사 분석과 광활한 대지에 대한 기본 계획 수립이라는 새로운 세상을 만난 것이었다. 그러니까 숲 사이에 있는 산책로와 쉼터를 구성하고 있는 음수대, 벤치 등의 시설물, 연못과 주변 수경시설 등을 포함해 불국사 일대는 우리나라 현대 조경이 태동하던 초창기 사업의 흔적이 남아 있는 현장이다.

교수님을 모시고 다니면서 힘들었던 것은 답사지의 안내와 설명 때문이 아니었다. 그런 일은 사전에 철저히 준비를 해 두었거나 최소한 내가 아는 범위 내에 들어와 있었기에 전혀 문제가 되지 않았다. 문제는 현판, 편액, 주련의 글을 옮기는 일이었다. 주련의 글은 자체가 하나의 시다. 그렇기에 시로 압축되기 전의 온갖 내용과 이미지를 연상할 수 있도록 해석해야 한다. 현판의 택호는 시구詩句의 좋은 문장에서 하나 혹은 두 자를 따온 것으로 아주 많이 생략된 구절이다. 그 바탕에 깔려 있는 원문이 지닌 의미와 배경을 모르는 상태에서 단어의 조합만으로는 의미를 전달하지 못한다. 그런 일이 벌어질 걸 짐작했더라면 책을 찾아 뒤져서라도 미리 준비해 두었겠지만 전혀 예상치 못했다.

고궁이며 어느 마을의 고택에서 그곳에 대해 개관을 하고 필요한 만큼의 설명을 하고 나면 으레 들어오는 질문이 "저 글은 무슨 뜻이냐? 저 건

불국사 일대는 우리나라 현대 조경이 태동되던 초창기 사업의 흔적이 남아 있다.

물의 이름은 무엇이냐, 그 이름의 뜻은 무엇이냐?"였다. 풀어서 설명해 드리거나 내 의견으로는 이런 정도의 뜻인 것으로 보인다는 등의 대답을 하며 위기를 모면해 가고 있었다. 불국사의 토함산이라고 예외일 수 없었다.

불국사와 석굴암은 토함산을 중심으로 서로 긴밀하게 엮여 있다. 불국사를 설명하는데 석굴암을 떼 놓고 이야기할 수 없다. 불국사나 석굴암의 창건설화에서부터 구심점이 되고 있는 토함산의 존재를 건너뛸 수 없기 때문이다. 문제는 '토함산吐含山'이란 이름의 숨은 뜻과 그리 불리게 된 배경에 얽힌 무언가에 대해서 내가 알고 있는 바가 없다는 것이었다.

"저 산은 두 절을 긴밀하게 엮어 주고 있는 것 같은데, 저 산의 이름은 뭔가?"

우려했던 질문을 받았다.

"토함산이라 합니다. 이름의 정확한 유래는 제가 잘 모르겠습니다. 한자의 뜻만으로 풀어 보면 내뱉는다는 뜻의 '토吐'와 포함한다는 뜻의 '함含'의 조합입니다만, 이 둘의 단순 의미 조합만으로 이 산의 이름이 내포하는 의미를 추정할 수는 없습니다."

얼떨결에 대답을 드렸지만 제대로 알고 있는 걸로 확신할 수도 없지만 그렇다고 전혀 모르는 건 아닌데 생각해 보면 꽤 현명하게 대처했던 것 같았다. 일단 토함산에 관한 문제는 터뜨려 놓았으니, 김대성이 환생한 이야기, 토함산 기슭에서 곰 사냥을 하고 꿈에 곰을 만나 원망을 듣고 곰을 위해 절을 지어 주기로 했다는 이야기, 전생의 부모를 위해 석불사(석굴암)와 불국사를 짓게 되었다는 이야기로 이어지는 김대성과 불국사 창건설화의 모든 것, 그리고 내친 김에 동해안과 경주 일원을 두루 묶어 탈해왕의 일대기를 전해 주는 토함산과 얽혀 있는 탈해설화까지 다 쏟아놓았다.

탈해왕의 성은 석昔씨로, 신라의 네 번째 왕이다. 탈해왕의 탄생과 일대기는 《삼국유사》에 전한다. 동해 망망대해 너머에 여인들만 사는 용성국에서 태어나 바구니에 담겨 바다에 버려졌다. 바다를 떠돌다 닿은 동해안의 어촌 아진포에 사는 한 노파의 눈에 띄어 거기서 자랐다. 성인이 된

불국사 경내의 청운교·백운교로 다가가는 길목은 노거수들이 가지를 늘어뜨린 가운데
고찰의 분위기가 느껴진다(위 왼쪽). 청운교·백운교의 긴 돌계단을 따라 자하문으로 오르는
불국사의 주 진입부(위 오른쪽)와 비스듬히 측면에서 바라보이는 청운교·백운교 그리고
자하문의 전경(아래 왼쪽)은 불국사에서 가장 인기 있는 기념 촬영 장소다. 1960년대까지는
청운교·백운교를 지나 자하문을 들어서면 정면으로 대웅전과 마주하게 되어 있었다(오른쪽
아래). 그러나 돌계단의 훼손을 막고 혼잡한 진입 동선을 정비하는 의미에서 오른쪽으로
돌아서 들어가는 출입로가 마련되었다.

탈해는 토함산에 올라 정상 부근에 굴을 만들고 거기서 지내다가 서라벌로 내려와 신라의 왕이 되었다. 탈해설화이다. 동해안과 토함산, 서라벌, 현재의 경주일대가 주 무대다.

불국사와 석굴암을 창건한 김대성에 관한 설화에도 토함산이 나온다. 김대성은 불국사와 석굴암(석불사)을 세운 사람으로 전하는데《삼국유사》에 그에 관한 이야기가 나온다. 모량리의 대성이란 아이가 죽었다. 바로 그 시간에 재상 김문량 댁에서는 한 아이가 태어난다는 점지를 받게 된다. 그 아이가 김대성이다. 그렇게 김대성은 전생과 이생이 밝혀지면서 태어났다.

대성이 하루는 토함산기슭으로 사냥을 나왔다가 곰을 한 마리 잡았다. 그날 그곳에서 하루 묵는데 꿈에 잡힌 곰이 나타나 왜 날 죽였냐며 원망하고 협박을 한 모양이다. 잠에서 깨어난 대성은 자신이 한 일을 뉘우치고 곰을 잡은 자리에 곰을 위해 절을 지었다. 꿈을 꾼 자리에 몽성사, 곰을 잡은 자리에 장수사를 세워 곰의 명복을 빌었다고 한다.

불국사 인근의 코오롱호텔 뒤 야산에 삼층석탑 한 기가 있는데, 마동 장수사지 석탑으로 알려져 있다. 토함산 아래에는 마동 삼층석탑 외에도 다수의 절터가 확인되어 있지만 김대성의 설화가 얽혀 있는 장수사가 어디인지 확실히 알 수는 없고, 그저 불국사와 가까운 거리의 마동 삼층석탑이 있는 곳이 장수사지가 아닐까 추정하고 있다.

곰 사냥과 장수사 창건설화와 관련된 이야기와 함께 불국사와 석굴암 창건에 김대성의 업력, 불국사는 이생의 부모를 위해, 석불사는 전생의 부모를 위해 지었다는 이야기 모두 토함산을 중심으로 한 이 일대를 벗어나지 않는다. 공간적으로 중첩되어 있을 뿐 아니라 이야기의 주 무대가 같은 공간인 탈해설화와 대성설화는 분명 불국사와 석굴암을 둘러싼 흥미로운 콘텐츠다.

매표소에서 입장권을 구매해 산길을 몇 차례 구비 돌아가던 즈음에, 누가 어떻게 해서 그런 쉬는 장소를 만들어 주었는지 나무 아래 작은 반석을 받쳐 놓은 곳이 나온다. 울창하게 우거진 숲 사이로 멀리 산골짜기를 가

주변 미세한 능선의 산세가 석굴암과 어우러져 있다.

늠할 수 있을 만큼 시야가 열려 있으면서 다른 한편으로는 왼쪽으로 석굴암에 거의 다 와 간다는 느낌이 오는 곳이다. 잠시 후 마지막 구비를 지나면 곧바로 마주하게 되는 석굴암, 멀리 석굴암이 시야에 들어오는 곳에 이른다. 작은 언덕 중턱에 걸쳐 있듯 나앉은 석굴암을 보는 순간, 관람객들은 너나 할 것 없이 카메라 초점을 맞추고 셔터를 누른다. 교수님 사진에도 그 지점의 사진은 어김없이 있었다.

주변 미세한 능선의 산세가 석굴암과 어우러져 있다. 교수님은 멀리 바라보이는 부드러운 능선과 석굴암 그리고 주변의 산세를 두고 인체에 빗대어 설명하시기도 했다.

석굴암 안의 불상, 석굴암에서 조망되는 동해안 쪽으로 펼쳐지는 광활한 경관, 전생설화를 가지고 태어난 창건주 김대성, 그리고 그의 전생의 부모를 위해 지었다는 설화가 한데 버물려진 이미지 때문인지 자연 현상마저 어떤 필연으로 이어지는 것 같다.

불국사, 불국토의 장소

불국사를 처음 본 것은 초등학교 6학년 수학여행 때다. 교과서에 나온 청운교·백운교의 계단과 석가탑과 다보탑이 몹시 궁금했다. 청운교·백운교 돌다리의 장대함에 놀랐고 석가탑과 다보탑 앞에 서기 전, 몹시 설레었던 것 같다. 다보탑에서는 눈을 떼지 못했다. 어린 눈에 비친 석가탑과 다보탑에 대해서 정말 솔직하게 이야기하면, 다보탑은 머릿속에 그리던 것보다 훨씬 강하게 나를 자극했지만 석가탑은 그에 훨씬 못 미쳤다. "다보탑은 저렇게 화려하고 정교하게 만들었는데, 그 양반 좀 게으름을 부렸나." 그런 생각을 했던 것 같다. 중학교 2학년 수학여행 때에도 불국사에 잠시 머물렀던 것 같은데, 그 이후 불국사는 오랫동안 내 관심사 밖이었다. 불국사가 다시 내 안으로 들어온 건 순전히 교수님을 모시고 안내하기 위해 준비하면서였다.

여행을 준비하느라고 분주했던 그 즈음 어느 날이었을 것이다. 우연히 석가탑 기단아래에 박혀 있는 돌무더기가 눈에 들어왔다. 그게 예사롭지 않게 보이면서 작은 고민에 빠졌다. 탑 아래에 박혀 있는 돌무더기. 처음부터 그 자리에 그렇게 있었을까? 어느 절이나 법당 마당에 놓인 성스러운 대상인 탑 아래에 너저분하게 돌을 그냥 박아둔 채 마감해 놓은 경우는 아직 보지 못했다. 그렇기 때문에 석가탑 아래의 돌무더기를 일부러 그렇게 둔 것으로 봐야 한다는 쪽으로 생각이 미쳤다. 그건 좋은데 중요한 건 '왜?'였다.

왜 돌무더기를 그냥 두었나?

왜 저런 돌무더기를 깔아 놓았나?

그 궁금증은 근 10년이 지난 한참 뒤에야 풀렸다. 석가탑 기단하부에 그냥 치우지 않고 내버려 둔 듯 보이는 돌무더기를 포함해 두 탑의 조형 의미를 설명해 줄 이야기는 《법화경法華經》〈견보탑품見寶塔品〉에 들어 있다. 석가모니께서 영취산에서 초전설법을 하자 하늘에서 "저 설법은 진실이다"라는 소리가 들렸다고 하는데, 〈견보탑품〉은 그때 광경을 묘사하고 있다.

"예로부터 이런 말이 전해지고 있었다. '언젠가 깨달은 사람이 나와 진리를 설법하면 다보불이 나타나 그 말이 옳음을 증명하리라.' 석가께서 영취산 정상에서 초전법륜初轉法輪을 행하니 공중에서 그 말이 옳음을 증명해 주는 말이 들렸다. 사람들은 모두 다보불의 말로 여겼다. 그러나 그 모습을 볼 수 없어 다보불께 모습을 나타내 보여 주시기를 간청했다. 다보불이 답하기를, 원래 진리란 형체가 없지만 원한다면 온 세상의 모든 보배들을 모아 방편으로 그 모습을 이루어 보여 주리라, 하며 공중에 떠 있는 화려한 보석과 온갖 보배로운 것으로 장식된 보탑으로 그 모습을 나타내 보여 주었다. 하늘에 나타난 보탑 가운데 다보불이 앉아 있다가 한쪽으로 비껴 자리를 만들어 석가모니 부처께 함께 자리를 하자고 권했다. 그래 석가모니 부처가 공중으로 올라 다보불과 함께 보탑 안에 자리했다. 이어 뭇 승려들이 간청해 허공을 날아올라 보탑에 자리를 했고 보탑을 우러러보면서 놀라움을 금치 못하던 대중들마저도 거기 함께 하고자 원하니 그들 역시 보탑에 오르도록 해 주어 삼부중이 모두 하나가 되어 황홀한 법륜의 장이

절정을 이루었다."

　두 개의 탑이 나란히 세워진 것을 탑의 형식상 쌍탑이라 하고, 쌍탑을 가진 사찰의 배치 형식을 쌍탑식 사찰이라고 분류한다. 일반적으로는 쌍탑을 동탑과 서탑으로 구분해 부르기도 하는데, 그 원천은 〈견보탑품〉에 나오는 다보불과 석가불에서 찾을 수 있다. 우리나라에 현존하는 쌍탑으로 아주 오래된 것으로는 경주 감은사지 석탑이 있고, 원형이 잘 보존되어 있는 대표적인 것으로는 남원 실상사 삼층석탑이 있다. 감은사지의 두 석탑은 거의 구분이 안 될 정도의 쌍둥이이고, 실상사 삼층석탑에서 두 탑은 상륜부 장식에서 눈에 잘 띄지 않을 정도의 미세한 차이가 있지만 이들 역시 거의 동일한 모습으로 법당 앞에 나란히 서 있다. 경주 남산 동사지 동서삼층석탑처럼 기단부 석재 조합의 문양이나 석탑의 형식에서 두 탑이 다소 다르게 나타나는 경우도 있긴 하지만, 전체적으로는 동탑과 서탑이 거의 같은 모습을 한다. 그러나 불국사의 석가탑과 다보탑은 애초에 규모나 형식에서 전혀 달리 태어났다. 석가탑은 전형적인 삼층석탑 형식을 따르고 있지만 다보탑은 어디서도 보지 못한 모습이어서 탑의 형식상 이형탑으로 분류한다. 그러나 디자인 측면에서 보면 〈견보탑품〉에 나온 "온갖 진귀한 보석으로 치장된 영롱하고 화려한" 모습의 불법佛法의 방편으로 나타내 보인 다보불의 모습, 보탑의 형상화에 해당한다.

　예전에 석가탑이 해체 보수된 적이 있었다. 보수되기 전에는 석가탑에 상륜부가 없었고, 묘하게도 다보탑의 상륜부 높이만큼 키 차이가 났다. 현재는 모자라는 키만큼의 상륜부를 올려 놓았다. 두 탑의 키를 같게 맞추어 놓아 두 탑은 같은 높이를 가지게 되었지만 매우 어색하다. 언제든 제대로 된 답을 찾아야 할 것이다.

　석가탑과 다보탑은 이름에서 이미 석가탑은 석가모니 부처를 상징하고, 다보탑은 다보불을 상징한 걸로 나온다. 그렇다면, 석가탑이 선 그곳은 초전법륜이 있던 영취산의 정상으로 볼 수 있다. 석가탑 기단 아래 들쭉날쭉 박혀 있는 돌들은 영산회상의 장소, 즉 영취산 정상을 형상화한 매체가

석가탑 앞에서 찍은 이 사진은 답사를 하면서 교수님과 함께 찍은 유일한 사진이다.

된다. 초전법륜하는 석가모니와 그때 하늘에 나타난 다보탑까지 해서 불국사 법당 마당은 불국토의 장소가 되는 것이다. 《법화경》〈견보탑품〉에는 외형상 별다른 심오한 이야기가 들어 있지 않지만 석가탑과 다보탑의 조형과 조영 의미를 알아내기에는 반드시 이해하고 가야 할 소중한 원리가 담겨 있는 것이다.

요즘은 스스로 자신을 찍는 '셀카'가 가능하니 전혀 다른 이야기가 되겠지만 예전 아날로그 시절로 돌아가면 사진 찍는 사람한테는 자기 사진이 없다. 아주 드물지만 꼭 필요한 경우는 다른 사람에게 부탁해서 기념사진 하나쯤 만들기도 했다. 여행 동안 교수님과 함께 기념 촬영을 한 유일한 사진은 석가탑 앞에서였다. 교수님이 대략의 구도를 맞춰 놓고 누군가에게 셔터를 눌러 달라는 부탁을 좀 하라 하셨다. 그런데 이 사진을 자세히 들여다보면, 구도를 미리 계산해 두었다가 그 구도에 맞춰 그 다음 컷을 연속사진이 되도록 만드신 게 분명하다. 둘을 이어 붙여 보면, 석가탑과 다보탑이 한데 들어오는 구도에 저 멀리 토함산 7~8부 능선을 넣은 한 장의 사진이 완성된다.

석굴암, 자연과 인공의 교직이 만들어 낸 아름다움

석굴암 앞에서 교수님은 이런 이야기를 하셨다.

"선禪에서 그렇듯 숨을 들이켜고 내쉬는 것은 생명의 기본이고 나아가 우주의 기운, 기氣와도 연관된다. 혹 저 산의 이름 '토함'은 그런 생명의 원천과 관련 있지 않을까? 아우스아트멘(ausatmen; 숨을 내쉬다; 吐) 그리고 아인아트멘(einatmen; 들이쉬다; 숨)은 모든 살아 있는 생명체의 기본 존재 조건이지. 토함산의 이름은 그렇게 생명의 근원인 아트멘(atmen; 숨)에 관련되어 있는 것이 우연인지 모르나 석굴암 조영에 동해 일출의 기를 받아들이고 어두움無明으로부터 밝음黎明을 이루는 천체만물의 순환을 조형해 놓은 것이 아니겠나? 그리고 보니 석굴암이 자리한 이곳과 주변의 산세, 그리고 멀리 동해안까지 펼쳐지는 광활한 경관이 내게는 예사롭게 보이지 않는다네."

불국사와 석굴암을 다녀오고 한참이 지난 뒤까지 뇌리에 남아 있을 정도로 토함산 이름에 대한 교수님의 해석에 나는 크게 고무되어 있었다. 숨을 들이켜고 내쉬는 호흡, 생명의 근원이자 에너지원과 결부된 산 이름, 더 이상 그럴 듯이 보일 이름 풀이도 없을 것 같았다. 내가 학위를 마치고 귀국을 한 후에도 편지로 석굴암에서 만난 정경에 대해 여러 번 말씀하셨다. 석굴암 주변의 상세한 지형도를 구할 수 있는지 묻기도 하셨다. 요즘 같으면 인터넷으로도 위성사진을 내려 받을 수 있지만 당시에 그런 자료를 구할 수 있는 방법을 잘 알지 못한 탓도 있지만 차일피일 미루다 결국 보내 드리지 못했다. 들이켜고 내쉬는 생명의 근원으로의 숨을 이야기한 토함산의 명칭에 관한 교수님의 말씀은 그로부터 한참이 지난 후 석굴암 경관 해석에 관한 내 연구, 석굴암 조영을 외부경관과 관계에서 접근하려는 시각의 실마리가 되어 주었다.

몇 해 전 파리1대학 관광학과에서 박사과정을 밟고 있는 한 학생이 교환학생으로 1년간 내 연구실에 와 있었다. 그 학생은 국제학술대회 참석차 오신 지도 교수님을 모시고 자신의 박사논문과 관계된 몇 곳을 답사한다고 했다. 그 학생의 지도교수인 마리아 그라바리 바르바스Maria Gravari-Barbas 교수는 학부에서 건축을 했고 석사 때 조경학을 전공했다고 한다. 마리아 교수는, 제자의 표현을 빌면 "그리스 신전의 부조 조각에서 막 걸어 나온 듯한 모습"의 그리스인이다. 지도 교수님과 답사 여행하던 것을 떠올리며, 마지막 일정으로 잡혀 있던 경주 답사 여행에는 나도 짬을 내어 동행했다. 이른 아침, 동해의 감포 대왕암을 거쳐 토함산을 올라 석굴암으로 향했다. 마리아 교수도 역시 마지막 구비를 지나 들어서는 그 지점에서 어김없이 셔터를 눌렀다.

석굴암은 평범할 수 있는 산길 몇 구비를 지나 그 끝 언덕 중턱에 자리한다. 이런 석굴암에 다다르는 과정 공간이 있기에 석굴 안의 불상과 석굴의 아름다운 건축미가 더욱 돋보이는 것이다. 그렇게 자연과 인공의 교직이 만들어 낸 아름다움이 석굴암을 찾는 사람들의 마음을 사로잡는다. 아마도 독일과 프랑스의 두 교수에게 울림을 준 것도 자연과 인공이 어우러져 은은히 간직하고 있는 석굴암의 경관이 아니었을까.

김유신 장군 묘, 잘 관리된 공원과 같은 묘역

온 데를 둘러봐도 나뿐이다. 아무도 없다. 아무에게도 방해 받지 않아서 좋다. 경주 같은 우리나라 대표적인 관광지에서 이처럼 한적한 곳을 만날 수 있다는 건 행운이 아닌가. 입장권을 사서 작은 계단을 올라가니 묘역 입구가 나온다. 묘역 정문은 구조나 모양으로 봐서 1970년대 혹은 1980년대 것으로 보인다. 그런대로 몇 십 년을 지낸 짧은 시간이지만 예스러움이 묻어 있다. 우거진 나무가 두 줄 가로수처럼 서 있는 끝으로 정문의 묵직한 기와를 얹은 지붕에는 세월의 흔적이 켜켜이 쌓여 있고 고즈넉한 분위기가 온몸을 감싼다.

나보다 앞서 들어선 방문객이 있는 모양이다. 문을 들어서기 무섭게 두 아가씨의 수다가 조용한 묘역을 가득 채우고 있다. 이 소중한 한적함을 그렇게 무참히 깰 수 있는가, 살짝 언짢아지려 한다. 잠시 떠들던 이야기가 끊어지면서 조용한 공기가 흐르나 했는데, 두 아가씨 중 하나가 뛰쳐나가는가 싶더니, "야, 저기 있다!"면서 호들갑이다.

잘 단장된 길이 그 언저리에서 크게 휘어져 있다. 휘어지는 길을 따라 돌아서면 봉분을 마주하게 된다. 교수님의 첫 장 사진이 보여 주는 곳에서 잠시 멈춰 섰다. 봉분이 시작하는 여기서부터 봉분까지 일련의 진입 경관이 방문객들을 맞는다. 묘 양 옆으로 묘비석이 서 있고 다른 어느 왕릉에서도 만나기 힘들게 묘 아랫단에 십이지신상을 새긴 장식이 있다.

두 아가씨가 시야에서 사라지자 뒤이어 빠른 걸음으로 몰려오는 기척이 난다. 이곳 역시 관광객들에게 점령되어 가는 모양이다. 한 무리의 방문객들이 떼를 지어 나를 추월해 가고 있다. 적지 않은 사람들의 그룹인데, 몹시 조용하고 걸음새도 조심스럽다. 모두 지긋한 나이의 노인들이다. 혼자인 사람도 보이고 부부로 보이는 쌍도 있다. 너나 할 것 없이 나지막이 속삭

잘 단장된 길이 크게 휘어져 있는 길을 따라 돌아서면 봉분이 보인다.

인다.

"쓰고이!"

교수님께 신라 고분이 어떤 것인지 조금은 보여 드려야 하지 않을까 생각했다. 정작 고분 중 하나를 골라내려니 뚜렷한 기준이 서지 않았다. 뭔가 마땅치 않아 하던 중 떠올린 게 김유신 장군 묘였다. 왕릉이 아니면서 그에 준하는 곳, 그리고 경주 교동에 있는 장군의 고택 재매정 유지. 김유신 장군의 집 재매정은 경주향교와 최씨 고택이 있는 교동과는 길 하나를 사이에 두고 있다. 교동최씨 고택은 가 보려고 꼽아 두었던 곳이니, 두 곳을 서로 연관시킬 수 있겠단 생각에 경주의 신라 고분들을 대표하는 셈으로 이곳을 들러보기로 했다.

경주의 여러 왕릉과 고분 중 김유신 장군 묘만큼 정성스레 다듬어 놓은 곳도 드물다. 묘역이 잘 조성되어 있는 곳으로는 괘릉이 있다. 하지만 괘릉은 잘 다듬어 놓은 것이 아니다. 공원과 정원의 차이를 이야기하는 만큼이라고 할까. 괘릉은 울타리가 둘러 있다. 그 안은 깨끗하게 잔디밭이 조성되어 있고 석상들이 열 지어 서 있다. 그리고 노송 숲이 있다. 모든 게 한눈에 들어온다. 자유로이 묘역 풀밭을 걸으면서 전체가 하나의 개념으로 단장되어 있는 조용한 자연풍경식 정원을 만나는 것처럼 호젓한 시간을 보내기에도 좋다. 반면 김유신 장군 묘역에서는 잘 관리된 공원을 찾아 온 느낌이 든다. 정문을 들어서면 진입로 양쪽으로 잘 관리된 녹지가 있어 좋은 분위기를 만들어 준다. 방문하는 사람들의 발길을 자주 만날 수 있다. 너무 많지 않고, 그렇다고 너무 한적해 적막하지도 않아 좋다. 오솔길처럼, 공원 길처럼 잘 닦인 진입로를 들어서도 한참 동안 묘가 보이지 않는 길을 산책하거나 공원길을 걷듯 한가롭고 여유롭다.

사진을 들고 예와 지금을 견주어 봐도 정말 변한 게 없다. 혹 있긴 해도 거의 눈에 띄지 않을 정도다. 그런데 교목 한 그루, 관목 한 그루, 혹은 수종을 바꾸어 새로 심은 나무, 그게 어디에 어떻게 바뀌어 식재되었나 하는 사소한 것들이 나타내 보이는 차이는 참 큰 것 같다. 예전의 봉분과 노

봉분 뒤에서 봉분의 부드러운 곡면을 받쳐 주던 노송과 숲의 시각적 효과가
인상적이었는데 노송이 느티나무로 대체되어 이전의 경관 효과를 내지 못하고 있다.

송과 숲이 이루는 시각 효과가 인상적이었다. 노송 한 그루의 경관 효과다. 노송이 고사를 했거나 그간 어떤 일이 있었겠지만 노송이 있던 자리는 느티나무로 대체되어 있다. 예전에 만났던 그 인상이 아직 생생한데, 지금은 봉분 뒤쪽 옆에서 봉분의 부드러운 곡면을 받쳐 주던 그 모습을 따라오지 못한다. 우리나라 향토수종 중 느티나무를 따라 갈 만큼 좋은 수형의 나무도 없다지만, 여기서는 느티나무가 노송의 대체 수종이 되지 못할 것 같다. 수종이 바뀌어 아쉽다는 것이 아니다. 이런 기념비적 장소의 정비에서는 노송 한 그루가 이루는 경관 효과를 생각해 보자는 것이다. 기존의 것과 새로 대체하는 것에 대한 보다 세심한 고려가 필요하다는 이야기다.

교동최씨 고택, 조선 최고 부자의 대명사

전국의 오래된 어지간한 도시에는 교동이 있다. 드물게는 서울의 무악재 넘어 가는 길목의 교남동橋南洞처럼 '다리 교橋'자를 쓰는 경우도 있지만 대부분 '학교 교校'자를 쓴다. 원래 향교가 있는 동네를 교촌이라 불렀는데 그걸 행정 동명으로 교동이라 고쳐 부른다. 경주가 신라 천 년의 옛 터로 신라문화의 본산이어서 그런지, 경주에서는 조선시대의 유산 정도는 신라 천 년의 문화유산에 눌려 큰 힘을 쓰지 못한다. 그런데 경주 교동에서는 드물게도 최씨 고택과 향교를 비롯해 동네 전역에 조선시대의 분위기가 물씬 풍긴다.

반월성의 서쪽 기슭을 끼고 있는 교동은 옛날부터 영남 일대에서 손꼽히던 교촌 최부자 동네. 어릴 적 할머니와 어머니로부터 "등 따시고(따뜻하고) 배부르니 교촌 최부자 눈 알(아래)로 보인다"는 말을 많이 들었다. 방도 따뜻하게 데워져 있겠다, 배불리 밥도 먹었으니 세상에 부러울 게 뭐냐는 대만족의 표현이다. 그 최부자 댁이 어디인가 궁금했는데, 그 댁이 바로 신작로만큼이나 큰 길 저기 끝에 있는 교동최씨 고택인 거다.

안압지에서 반월성을 돌아 계림에 이르면 교동은 곧 바로 지척이다. 인근에 경주 향교가 있고 향교에서 곧 바로 남쪽으로 이어지는 길목에는

"등 따시고 배부르니 교촌 최부자 눈 알로 보인다"는 말처럼 교동최씨 고택은 영남 일대에서
손꼽히는 부자였다.

문천이라 부르는 동네 앞을 흐르는 하천이 있다. 문천에는 신라시대의 다리 월정교지가 있는데 지금 그곳은 한창 복원 공사가 이루어지고 있어 조만간 지붕 없는 신라 다리를 만날 수 있을지 모르겠다만, 전혀 내 관심을 끌지는 못한다(그간 1차 완공되었고 다리 양끝의 누각 부분을 완료하는 대로 2014년 준공 예정으로 있다). 이 동네에는 요석궁이란 이름의 한식집도 있다. 원효의 연인이자 설총의 어머니, 요석공주의 요석궁이 바로 이 동네에 있었다고 한다. 최씨 고택이 요석궁 자리라고도 한다.

1926년 스웨덴 구스타프 황태자 부부가 신혼여행 차 일본에 왔다가 경주의 고분 발굴 현장을 방문했다. 서봉총瑞鳳塚이 구스타프 황태자가 참관한 고분이다. 스웨덴의 한자 표기 서전瑞典을 딴 서瑞에, 황태자의 신분을 상징해 준 봉鳳을 넣어 스웨덴 황태자가 발굴에 참여한 고분이란 의미가 된다. 그때 구스타프 황태자가 묵었던 곳이 경주 어느 고택의 사랑채였는데 황태자는 후에도 곧잘 그 집이야기를 했다고 한다. 바로 교동최씨 고택의 사랑채였다. 1970년대에 이 댁에 불이 나서 사랑채, 별채가 타 버린 후 한참 재건되지 못하고 있었다. 교수님을 모시고 이 댁을 방문했을 때는 복원이 되기 전이었다. 그래서 그때 사진에는 덩그러니 남은 기단만 보인다.

지금은 사랑채가 깨끗하게 자리 잡고 있다. 다시 지어진 지 어느 정도의 시간이 흐른 듯 새로 지은 집 같지는 않다. 사랑채에는 누마루가 딸려 있다. 한번 올라가보면 좋겠지만 집 주인이나 관리인한테 양해를 좀 얻어야겠는데 아무도 눈에 띄지 않는다. 별 생각 없이 마루 쪽으로 발길을 옮겨본다. 마루에는 전국 어디서나 흔히 볼 수 있는 푯말이 가로로 길게 놓여 있다. 그런데 "마루에 오르지 마시오"라는 경고성 문구가 아니라 "마루에 오를 때는 신발을 벗고 오르세요"라는 것이다. 참 기분이 남다르다. 정식으로 마루에 오르도록 초대 받은 것이다. 엄연히 남의 집인데, 관람객 입장이지만 신발만 벗으면 떳떳이 마루에 올라갈 수 있다. 민속촌에서도 이런 기회는 갖지 못하는데 기분 참 괜찮다. 300년을 이어온 영남 최고 부자댁, 할머니와 어머니로부터 들어 온 속세에서 최고 수준 부자의 대명사였던 최부

경주 향교에서 남쪽으로 이어지는 길목에 있는 문천에는 신라시대의 다리인 월정교가 있었다. 최근에 다시 갔을 때는 월정교 복원 공사가 한창이었는데, 건너다니던 길목의 징검다리 자리(위)에는 콘크리트로 물막이 시설이 되어 있었다(아래).

교동최씨 고택은 1970년대에 불에 탄 사랑채와 별채가 채 재건되지 않고 기단만
덩그러니 남아 있었다(위). 아래 사진은 사랑채가 복원된 최근의 모습이다.

자의 명성이 그냥 괜히 그런 게 아니었나 보다.

마당을 둘러보며 아무도 들지 않는 한적한 뜰을 감상하며 여기저기 둘러보며 한참을 보낸 후 밖으로 나왔다. 대문 앞의 안내판으로 눈을 돌려본다. 안내판에는 사랑채 이야기, 고방 이야기, 안채 이야기가 들어 있다. 그런데 이 댁의 안채가 어디였더라? 안채는 보지 못했다. 구석구석 다 둘러본 것 같은 데 내가 둘러본 것은 사랑채와 고방채 밖에 없다. 다시 집안으로 들어갔다. 아까 무슨 고방채의 일부나 되는가 여겼던 긴 행랑 같은 모습을 하고 있던 곳, 가까이 다가가보니 그 한쪽이 안채로 들도록 되어 있는 헛간이다. 헛간으로 어긋나게 진입하는 방식으로 해 두어 안쪽으로 집안이 있으리라 짐작하기가 쉽지 않았던 것이다.

안채마당에는 슬라이드 번호가 잘못 매겨져 정체를 밝히지 못하고 있던 몇 장의 사진에 담긴 장면들이 있었다. 워낙 최씨 고택은 경주답지 않다. 무슨 소리인고 하니 경주에는 온통 신라문화유산이 가득해 조선시대 정도의 문화재는 거의 명함을 내밀지 못한다. 그래서 교수님도, 전형적인 조선시대 고택인 최씨 고택을 경주에 있는 어느 고택으로 기억하거나 연상하기 어려우셨을 거다. 더욱이 서울에서 마지막 코스였던 민속촌의 고택과 경주 다음으로 답사한 전통 마을들의 고택 사이에 들어 있는 최씨 고택을 경주일원으로 분류하기에 다소 혼란이 있었을 게 분명했다.

헛간으로 해 놓은 안채로 드는 문, 교수님은 칸막이만으로 만든 이런 헛간 방식의 입구에 흥미를 보이셨다. 이 안에는 뭐가 있나 하시며 조심스럽게 들여다보시고는, 주인 가족들이 사는 모양인데 좀 들어 가 봐도 괜찮을까, 잠시 둘러보고 싶어 하셨다. 사진을 찍어도 될지 양해를 구하고 안채로 들어갔다. 주소를 찾지 못하던 길 잃은 사진 몇 장과 함께 희미해진 기억들을 되살려 간다.

교동 동네가 끝나는 즈음에 대릉원의 담이 이어지고 있다. 담을 끼고 한참을 이어지는 길 양쪽에는 유난히 점집과 도사 간판을 내건 보살집들이 많다. 조선시대의 흔적이 남은 동네라 해야 할까, 신라의 힘이 여전히

교동최씨 고택의 안채마당

미치고 있는 동네라 보아야 할까? 경주에 올 적마다 신라의 전통인지 조선의 전통인지 확실히 구분이 가지 않는 그런 혼동에 빠지곤 했는데, 지금도 예외가 아니다. 어쩌면 영원한 숙제일지 모르겠다. 다시 되돌아가 교동에서 향교 뒤로 해서 반월성, 계림이 있는 쪽으로 발길을 돌린다. 여기는 차도가 없어 시원한 바람, 귀청을 뚫을 듯 시끄러운 매미소리, 그리고 넓은 잔디밭과 고분구릉을 앞세워 한적히 거닐 수 있어 좋다.

안압지, 곡선의 자연과 건축적 프레임의 경관

교동최씨 고택에서 나와 안압지까지는 향교와 계림을 지나서 반월성을 끼고 돌다가 차도를 하나 건너면 된다. 건널목을 만날 때까지 차 한 대 만나지 않는 완전 보행공간이 보장되어 있다. 짙은 숲과 그늘, 거기에 계림과 반월성마저 바로 곁에 있어 주니 세상의 낙원이 여기인가 싶다. 잠시 후 건널목을 하나 지나면 안압지 입구다.

안압지에서는 역사 체험 학습하는 초등학생 무리 속에 갇혀 한참 오도 가도 못했다. 한 아이가 날 빤히 보더니 "헬로우"란다. "응, 그래," 라고 했더니 전혀 예상 밖의 대답이라 놀랐는지, "어머나"란다. 외국 사람인 줄 알았단다.

초여름 기운이 완연하다. 잎이 무성해진 안압지에는 전형적인 정원의 정취가 자리 잡고 있다. 무성해진 숲에 가려 사방에 둘러 있는 산등성이의 배경 그림이 없어진 안압지는 좀 생소해 보인다. 그러고 보니 안압지는 여름에 와 본 적이 별로 없었던 것 같다. 겨울에 만나는 안압지와는 많이 다르다. 잎이 다 떨어진 계절의 안압지와 잎이 무성해 시각적으로 외부 경관과 거의 완전하게 차단된 안압지는 전혀 다른 두 정원 같다.

안압지의 전모가 우리 앞에 펼쳐져 나오기까지는 오랜 세월이 흘렀다. 조성 당시 신라시대에는 월지月池라고 불렸던 모양인데, 언제부터인가 안압지, 이름 그대로 "기러기 떼 지어 내려앉는 갈대 우거진 자연스런 호수" 같은 원래의 자연으로 돌아간 모습이 연상되는 이름으로 불렸다. 조선시대

교수님의 안압지 사진에서 읽을 수 있는 것은 "정원에 자연이 중첩되어 있는 특이한 현상이
펼쳐지는 현장"이라는 점이다.

강위가 읊은 시가 있다.

(안압지) 열두 봉우리 낮아졌고
옥전(아름다운 전각)도 황폐해졌는데
푸른 못은 옛날 같고
기러기는 길게 우는구나.
천주사 분향한 곳 찾지를 말 것이
들풀에 깊이 묻힌 내불당 자취

_고경희, 《빛깔 있는 책들 28. 안압지》, 대원사, 2005

　그 즈음 이미 안압지는 신라시대에 만들어졌던 원래의 모습, 어쩌면 지금 우리가 보는 복원된 이 모습을 속으로 감추고 들풀 물풀 가득 찬 야생의 넓은 저수지 같은 모습이 되어 있었던 모양이다. 내가 처음 안압지를 만난 것은 국민학교 수학여행에서였다. 버드나무 몇 그루와 큰 정자, 임해전이 물가에 서 있는 것 외에 특별한 것은 없던 것으로 기억하고 있다. 시골에서 흔히 볼 수 있는 저수지 정도 되어 보였다. 좀 다른 게 있다면 어디서 물이 흘러들어 올 만한 산이나 계곡이 없이 주위가 모두 평지의 들판이 둘러 있는 특별히 눈여겨볼 만한 별다른 게 없는 커다란 웅덩이 같이 평범한 호수처럼 보였다.

　안압지 발굴은 1970년대 후반에 있었는데, 당시 나는 군 복무 중이라 그 사실을 모르고 있었다. 준설을 하느라 작업을 하던 중 갯벌에서 무슨 유물들이 걸려 올라왔고, 이에 급히 발굴 작업이 시작되었다고 한다. 우연한 일이 계기가 되어 대대적인 발굴이 일어나고, 가능한 모든 복원이 이루어지면서 그때까지의 안압지와는 전혀 다른 모습의 안압지가 천 년의 세월을 뛰어넘어 신기루처럼 우리 앞에 원래의 모습을 드러냈다.

교수님을 모시고 안압지를 찾아갔을 때의 나는 정원에 대해서는 뭐라 이야기할 수 있는 수준이 아니었다. 안압지에 대해서도 상식적으로 이야기할 수 있는 이상의 무엇을 소신껏 피력해 볼 수 있는 수준이 아니었다. 그러나 눈앞에 펼쳐지는 아름다운 신라시대의 정원을 놓고 눈으로 즐기는 수준이야 안 되었을까. 수변에 면해 구불구불 아름다운 곡선을 이루는 호안과 나지막하게 쌓아놓은 인공의 구릉이 한 폭의 그림을 이루었다. 그 뒤쪽으로 눈에 잘 띄지 않지만 경주를 둘러싼 먼 산의 실루엣이 자리하고 있었다.

구릉의 실루엣과 먼 산의 실루엣이 잘 맞춰져 있는 것을 포함해서 교수님의 안압지 사진은 열 장 남짓한데, 사진에 담긴 일관된 미장센이 예사롭지 않다. 교수님의 안압지 사진에서 읽을 수 있는 것은 "정원에 자연이 중첩되어 있는 특이한 현상이 펼쳐지는 현장"이라는 점이다.

지금의 안압지는 발굴된 유지를 바탕으로, 현재 유추할 수 있는 한에서 최선의 방법으로 복원해 놓은 것이다. 통일신라 당시 그대로 재현되었다고 볼 수는 없다. 이 정원의 원형적 의미와는 무관하게, 오늘날 우리 앞에 놓여 있는 정원과 거기 연출되어 있는 경관을 감상하고 해석하는 것이 오히려 중요할지 모른다.

교수님의 안압지에 대한 인상은 몇 장의 사진 속에 고스란히 남아 있다. 호안의 정원과 그 뒤의 자연이 정원의 배경으로 잘 어울리도록 꽤 고심해 잡은 구도라는 생각이 든다. 사진은 안압지에 스며 있는 외부환경의 그림, 즉 차경借景이라 부르는 경관 조성 방법과 그 결과 나타나는 경관 연출 효과에 초점이 맞춰져 있다. 차경이란 내가 직접 다룰 수 있는 소유지 바깥의 자연 요소를 끌어와 정원의 배경으로 삼는 방식이다. 차경 수법은 우리만이 아니라 중국과 일본의 동아시아문화권에서 보편적으로 다루어져 왔다. 그중에도 특히 우리의 전통적인 경관 조성 수법은 차경과 깊이 관계되어 있다. 내가 만질 수 있는 땅이 있고 거기에 삼라만상의 모두를 담아놓고 싶다. 그런데 그렇게 세상을 모두 담기에 내가 지닌 땅은 너무 협소하고, 또 그렇게 대단한 공사를 벌이기에 내가 가진 경제적인 상황이나 능력이 미치지 못한다. 그럴 때 내가 가진 땅 너머로 바깥에 펼쳐지는 자연 그 자체를 끌어온다. 이렇듯 다른 것을 끌어다 내 정원의 일부가 되도록 하는 것을 차경이라 부른다.

교수님은 젊은 시절 일본에 장기 체류하면서 선을 배운 적이 있으셨다. 안압지 곳곳에서 젊은 교수 시절 일본정원의 어느 한 자락에서 만났을 것 같은, 왠지 친근하게 다가오는 어떤 느낌을 받으셨을 것 같다. 안압지의 사진에서 그런 분위기가 풍겨난다. 그리고 실제로 안압지 같은 형식의 조원은 일본 고대 정원의 원류였다고 한다.

경관을 다루는 방식과 기법에 따른 작은 차이에 따라 다양하게 쓰이는 여러 용어가 있지만 근본적으로 보자면 모두 차경에 속한다. 중국에서는 차경을 하기 위해 차경용 경관 요소를 별도로 조성하는 방식을 쓴다. 건축물 지붕 너머로 우뚝 솟아나 보이는 정자가 만들어지도록 집 뒤에 돌을 쌓아 언덕을 만들고 그 위에 정자를 세우며 마당 혹은 정원에서 지붕 너머 멀리 작은 정자가 있는 모습을 연출한다. 그리고 언덕처럼 쌓은 둘레에는 물을 담아, 마치 섬이나 해안의 굴곡과 언덕이 연출되도록 해 별도의 해안 같은 경관을 만들어 낸다. 또는 먼 다른 고장의 아름다운 경관의 한 모퉁이, 흠모하는 누군가를 기리며 그 사람을 떠올릴 수 있도록 그 고장의 한 모퉁이를 뚝 잘라 와서 멀리 천리 밖에 있는 이국의 경관을 내 정원에 옮겨놓듯 재현해 놓는 식으로 처리하기도 한다. 이 같은 방식들은 원차遠借, 인차隣借, 앙차仰借 등 각각 그에 어울리는 여러 용어로 이야기되기도 한다. 그러나 결국 멀리의 경관을 가져온다거나, 가까운 소재를 가져온다거나, 올려다 보이는 경관이나 내려다보이는 경관을 가져온다는 식이어서 그 모든 게 경관을 빌려 온다는 의미의 차경 기법에 관한 이야기다.

안압지 조원에 대해서는 두 가지 의견이 있다. 널리 알려져 있기로는 동해안 어느 한 곳의 해안경관을 따왔다는 이야기이다. 안압지의 임해전, 즉 바닷가에 면해 앉아 있는 전각이라는 이름과 결부해서도 그렇고 구불

안압지의 곡선 호안 전경. 차경 방법과 그 결과 나타나는 경관 연출 효과에 초점이 맞춰 있다.

구불한 곡선 호안과 호안을 장식한 여러 모습의 돌, 수석 또한 바닷가의 정경을 묘사한 게 너무도 사실적이기 때문이라는 것도 그 설을 확실하게 받쳐 주는 근거가 된다. 다른 이야기는 경주 일원의 특정한 곳을 따와 지형을 만들고 거기에 물을 담은 것이라는 거다. 《삼국유사》의 "방뇨몽", 즉 김유신의 동생 보희가 꿈에 서악(지금의 선도산)에 올라가 오줌을 눴는데 온통 서라벌이 잠겨 버렸다는 기사에 근거를 둔 건데, 하긴 전 세계적으로 널리 퍼져 있는 홍수설화의 유형 같은 걸 근거로 새롭게 제시된 논의다. 즉 안압지는 물에 잠긴 서라벌, 구체적으로는 남산에서 바라본 서악(선도산) 일대의 경관을 재현하고 거기에 물을 담은 모습이라는 것이다.

두 가지 설의 그 어느 것으로든 안압지는 특정한 어느 지역의 경관을 차용해 옮겨 놓은 차경의 교과서와 같은 조원이 있는 곳이다.

양동

조선시대의 마을

임진왜란은 조선 사회 전체를 뒤흔든 사건이었다. 왜군은 임진년에 조선을 침입했다가 물러 간 뒤, 정유년에 다시 침입했다. 임진년과 정유년의 두 전란을 각각 임진왜란과 정유재란이라 부르지만 일반적으로 임진왜란이라 할 때는 이 둘을 묶어 하나로 일컫는 경우가 많다. 임진왜란을 겪으면서 조선은 크게 피해를 입고 사회경제 전반에서 대변화를 가져왔다. 마을의 형성과 전개에도 엄청난 변화를 야기했다. 전란으로 인해 사람들이 흩어지고 고향으로 돌아오지 못한 사람들이 타향에서 정착하는 등 전국적으로 거주지가 재편성되다시피 했다. 왜란에 이어 조선 후기의 어려운 난국 때문에 사람들은 고향을 떠나 새로운 정착지를 찾거나 세속을 등지고 깊은 곳으로 숨어 드는 등 다양한 모습의 이동과 정착이 있어 왔다.

조선 전기의 모습을 잘 간직하고 있는 마을이 많지 않아 일목요연하게 정리하기는 어렵지만, 마을의 입지 특성이나 마을이 전개되어 간 모습에서 조선 전기와 후기는 상당히 달랐다. 특히 산지가 많고 넓은 들판이 드문데다가 오늘날까지 동족이 집단을 이룬 동족부락이 많이 남아 있는 영남지방에서 그런 특징이 잘 나타난다. 영남지방의 조선 전기 마을로는 경남 함양의 개평마을, 산청의 남사마을, 경북 영양의 괴시마을이 있다. 우리에게 잘 알려진 하회와 양동 또한 대표적인 조선 전기 마을이다. 이 마을들은 주위에 산이 둘러 있긴 하되 결코 감싼다고 할 수 없도록 멀리 나가 있고, 마을이 들어선 곳이 넓은 들판에 면해 있다. 조선 전기에는 골짜기가 아닌 넓은 들판에 드러난 모습으로 자리했다. 조선 후기에 형성된 마을들은 거의 대부분 들판에서 한참을 들어간 깊은 골짜기에 자리한다.

교수님과는 경북의 하회, 양동, 매곡 세 전통 마을을 찾아갔다. 하회와 양동은 임진왜란 전에 형성된 조선 전기의 마을이고, 매곡은 산골 깊이 자리한 조선 후기의 여러 전통 마을 중 보편적인 경우에 해당한다.

훤히 열린 곳에 자리한 양동

양동은 대중교통을 이용한다면 경주로부터 찾아 드는 게 편하다. KTX 신경주역에서 양동으로 다니는 203번 노선버스가 있는데 마을 바로 앞까지 가니 편하다. 배차시간이 한 시간 반 간격이라, 운이 나쁘면 서울에서 온 만큼의 시간을 기다려야 한다는 흠이 있다. 다른 방법은 일단 아무 버스든 타고 고속버스터미널이나 경주역으로 가서 노선버스를 이용하면 된다. 이것도 전혀 문제가 없는 건 아니다. 203번 외 다른 버스들은 마을 안으로는 들어가지 않고 큰길의 버스정류장에서 손님을 내려주고 안강으로 향한다. 양동마을은 거기서 2킬로미터 남짓한 거리를 걸어가야 한다. 마을 답사 길에 그 정도 거리는 일부러 걸어서 들어가는 게 좋다는 의견에 동의한다면 이 방법은 양동 답사를 위해 안성맞춤이다.

마을 바로 앞자락에 있는 버스정류장에서 버스를 내리는 경우 혹은 승용차를 타고 와 마을 바로 앞의 대형주차장에 주차를 하는 경우에는 바로 눈앞에서 마을과의 첫 만남이 이루어진다. 금방 드러나는 맨 앞쪽에 자리한 관가정과 향단은 버스정류장이나 주차장과 같은 "비전통적인 대상"에 너무 훤히 노출되어 있다. 주차장과 버스정류장을 조금 더 마을 밖으로 내보내어 마을의 진입에 약간의 거리를 남겨 두는 건 어떨까 싶다.

교수님을 모시고 갔을 때는 큰길에서 내려 한참을 걸어 들어갔다.

마을에 들어가기 한두 정류장 전에 내려 초등학교에 닿기 전 길을 벗어나 왼쪽 들판 한가운데로 들어섰는데, 멀리 정자처럼 언덕 위에 올라앉은 향단이 보였다(위). 현재 그 들판 일대에는 박물관이 지어지고 있다(아래).

마을 안까지 들어오는 버스가 있다 해도 한두 정류장 전에 내려 걸어 들어 갔을 것이다. 걸으면서 마을을 만나기 위한 마음의 준비를 할 수 있고, 마을을 둘러싼 주변 경관을 만날 수 있다. 마을 초입에 있는 초등학교에 닿기 전에 길을 잠시 벗어나 왼쪽 들판 한가운데로 들어서면 멀리 정자처럼 언덕 위에 올라앉은 향단과 마주하게 된다. 새로 박물관 공사가 진행되고 있는 그 언저리다. 버스정류장이나 주차장을 여기에 두어 이곳을 양동마을 답사의 초입으로 삼으면 박물관 동선과 함께 여러모로 괜찮겠다.

　　마을 초입에 양동 초등학교가 들어서기 전에는 지금의 마을 진입로 방향이 아니라 학교 왼쪽의 들을 따라 크게 휘어드는 길목으로 해서 향단 과 관가정이 있는 언덕을 바라보며 마을로 접어들었다고 한다. 그 길로 가 보면 다른 고택들보다는 언덕 위에 정자처럼 올라앉은 관가정과 향단이 돋 보인다.

가옥별 개성이 강한 동네

국도에서 버스를 내려 새로 난 널찍한 차도 아래로 옹색한 몰골의 보행로 를 따라 내려선다. 아직도 기차가 왕래하고 있는 모양인지 철길이 잘 관리 되어 있다. 철길을 따라 좁게 이어지는 길 끝머리 까마득한 곳에 양동마을 의 끝자락인 듯 보이는 봉우리가 눈에 띈다. 새로 난 도로가 높직하게 성토 된 둑 위에 저렇게 걸쳐 있지 않았다면, 철로가 건설되기 전이었다면, 멀리 봉우리 위에 작게 올라앉은 고택 관가정과 향단은 바깥에서 찾아 드는 길 목에서 양동의 랜드마크 역할을 하기에 충분했으리라. 바로 그게 서백당에 서 관가정이 분가해 나오고, 향단이 무첨당에서 분가해 나와 첨병처럼 저 기 저렇게 자리하게 된 배경이 될 수도 있다. 원래 저기는 정자였는지도 모 르겠다. 정자의 입지로 안성맞춤인 곳이다.

　　서백당과 무첨당, 마을 앞쪽 언덕에 서서 밖으로 쑥 고개를 내밀고 선 관가정이나 향단은 물론 이향정, 심수정 그리고 다른 어느 마을에 가더 라도 무엇 하나 빠질 것 없이 준수한 수준의 무슨 서당이며 하는 식의 이름을 붙여 놓은 정자들도 둘러본다. 기와집과 한데 어우러져 옹기종기 덩어리를 이루는 초가집들의 중첩된 모습이 인상적이다.

집 하나하나에 대한 기억은 분명한데 그게 어느 골짜기의 어느 곳에 있는지 분간이 안 된다. 마을 전체 경관이 각인된 것이 아니라 개개의 장소가 따로 독립적으로 기억되고 있는 탓이다. 장소와 조망의 관계일까?

그러고 보면 양동에는 마을 전체를 조망할 수 있는 적당한 장소가 없다. 마을 앞자락에 나와 앉은 향단과 관가정 외에 안으로 들어가면 셀 수 없이 많은 고택들이 산 위에서 각자의 세계를 구축하고 나름대로 자신의 존재를 확실히 하고 있다. 양동은 처음 찾아온 방문객에게 속속들이 들여다보고 차분히 앉아 집 앞을 느껴보고 할 만큼 마음의 여유를 주지 않는다. 한손에 잡힐 듯 눈에 내려다 볼 수 있는 장소도 없다. 잠시 들러 마을 전체를 훑으려는 여행자에게는 몹시 복잡한 미로 같은 동네다. 양동은 가옥별 개성이 굉장히 강하게 나타나는 동네임을 알 수 있다.

그간 몇 차례 내려왔지만 눈도 뜰 수 없을 만큼 세찬 겨울바람에 볼 일을 제대로 못 봤다. 봄이 깊어져 파릇하게 싹이 트고 연록의 담채화 그림이 그려지기 전 겨울의 양동을 기록해 두기 위해 다시 내려왔다. 오늘 찾아 다녀야 할 곳은 지난번에 해결하지 못하고 남겨 놓은, 전혀 기억에 남아 있지 않거나 장소에 대해 확신이 가지 않는 애매한 곳들이다. 소를 풀어 놓고 먹이던 집 앞 빈터, 벼 낟가리를 쌓아 놓았던 빈터가 있는 고가도 아직 찾아내지 못했다. 일단 사진 속의 어느 한 장소를 찾아내고 나면 그 언저리를 지나갔던 희미한 기억이 떠올라 동선의 끊어진 고리를 이어 주어 양동에서 거닐었던 전체 동선을 그려 볼 수 있다. 교수님과 함께한 양동에서의 동선이 퍼즐처럼 조금씩 완성되어 간다.

전체 마을을 크게 한 바퀴 돌았다. 일단 개울을 따라 마을너머에 있는 저수지 근처까지 갔다가 되돌아 나오며, 안골 일부를 돌고 물봉골을 돌아 무첨당에 들렀다가 마을 높은 곳에서 멀리 안강 방향으로 들판을 조망해 보고 싶어 설창산 쪽으로 올라가는 길목을 따라 오르다가 되돌아 나오면서 향단을 둘러봤다. 기억의 고리가 한 가닥씩 이어져 교수님과 함께했던 동선이 모두 맞춰졌다.

손씨와 이씨의 동족부락

요즘은 동족부락이라는 말을 잘 사용하지 않지만 대부분의 전통 마을은 같은 성씨의 동족이 한자리에 모여 동네를 이루고 있는 동족부락이다. 양동은 손씨와 이씨 두 성의 동족으로 이루어진 부락이다. 그런 까닭에 많은 연구자들이 손씨 가와 이씨 가의 경쟁과 알력 같은 내적 긴장감을 가지고 마을이 전개되어 왔음을 단정적으로 논의해 왔다. 동족 간의 라이벌 관계 혹은 주민 사이의 갈등 관계가 유독 양동에서만 논의되는 것은 보편타당한 시각이 아니다. 서로 다른 성씨 집단만의 일이 아니라 같은 성씨의 동족 내에도 파가 있어 대외적으로는 동족이지만 대내적으로는 분파 집단 간의 라이벌 의식이 있게 마련이다. 그렇기 때문에도 집안 사이의 갈등 관계에 초점을 맞춘 논의보다는 두 성씨의 일가가 각각 어떤 방식으로 분가했고, 분가를 위해 집 지을 자리를 어떻게 마련했으며, 어떻게 집을 지었는지 구체적으로 드러내는 이야기가 필요하지 않을까 싶다.

손씨 가에서 이씨 가의 사위를 맞았고 그 사위가 양동에 들어오면서 오늘날 여강 이씨 동족집단의 양동 입향이 비롯되었다. 임진왜란 전 조선 전기에는 처가 동네에 들어가는 것이 그리 드물지 않았다. 사위가 처가의 제사를 모셨고 딸들도 아들들과 똑같이 균등 배분된 유산을 상속받았다. 보통 우리가 알고 있는 제례나 상속 관습은 조선 후기로 오면서 정착된 것이다. 이씨 가는 처가에 들어와 자리를 잡았다. 손씨의 큰집 서백당에서 똑바로 나아가는 언덕 너머에 사위를 위해 집을 지어 살림을 내어 주는데, 그것이 이씨 가의 큰집 무첨당이다.

그후 다시 한 세대가 지난 즈음 손씨와 이씨 양 집안에서 다시 한 차례의 분가가 이루어졌다. 관가정과 향단이 등장한 게 이때다. 두 집은 마을 진입부에서 곧바로 보이는 언덕 위에 자리 잡았다. 높은 언덕 위에 자리하면서 온몸을 드러내 당당한 자세로 바깥을 향해 바라보듯 서 있는 건 전형적인 우리 전통가옥의 모습이 아니지만, 양동에는 이들 외에도 골짜기 여기저기에 의지해 언덕과 기슭에 고가들이 들어 서 있어서 그리 낯설지 않다. 와가는 주변에 작은 초가집들을 거느리고 있는데, 와가와 초가는 언덕 위에 있느냐 아래에 있느냐 하는 것으로 확실하게 구분된다.

마을 배치도를 보면, 손씨는 마을외곽으로 서북방면에, 이씨는 골짜기를 안고 마을의 남동쪽 일대에 분포해 있다. 양동 내 각 집안에서 분가된 가옥의 수로 보아 이씨 집안의 가옥은 손씨의 가옥보다 훨씬 많다. 마을의 성장과 전개는 주로 분가의 형식으로 나타난다. 마을의 역사와 성장해 온 상세한 내력을 모르더라도 분가한 집들의 분포와 각각의 입지를 놓고 살펴보면 대략의 특징을 알아볼 수 있다. 특정한 시기에 이씨 가문에서 다수의 분가가 있었는데, 모두 마을 안에 자리를 잡아 양적으로 크게 세를 확보한 형상이 되었다. 손씨 가는 양적으로는 훨씬 미치지 못하나 외부로 열린 시각을 확보할 만한 곳에 자리했다.

산 위 마을

"양동이 한국의 전형적인 농촌마을은 아니겠지? 어느 집도 들판의 경작지와 연결되어 있는 것 같지가 않아. 그래도 초가나 슬레이트집들은 들 가까운 평지에 내려와 있지만 기와지붕을 한 큰 가옥들은 능선 위에 올라서 있으면서 저 아래의 여러 사람들 위에 군림하고 있는 듯 보이네."

"농사를 생업으로 하는 농촌마을은 아닙니다. 교수님의 농촌건축 연구실이 농업을 주업으로 삼는 가옥이 연구 대상이 아니라 역사경관과 전통 건축을 포함한 '도시 이외 지역의 건축'이듯이, 양동마을은 조선시대의 상류층을 이루던 양반들의 동네였습니다. 한국의 전통 마을로 이름난 곳은 거의 모두 양동과 같습니다."

"앞으로 답사할 마을들이 모두 이 계통의 마을인가?"

"그렇습니다. 보시다시피 이 마을에서는 관가정과 향단이 언덕 정상

가까운 곳에 자리하면서 마을 바깥을 내려 보려는 듯 적극적인 자태로 몸을 드러내고 있고, 거의 대부분의 고택들이 능선 위나 산기슭 중턱에 들어서 있습니다. 전통마을 중에서도 이런 예는 다른 어느 마을에서도 볼 수 없는 이 마을만의 특징입니다."

양동은 다른 전통부락들과는 많이 다르다. 무엇보다 많은 와가들이 언덕 위에 올라가 있는 우리나라에서는 좀처럼 볼 수 없는 산 위의 마을인 점이다. 산 위의 도시라면 이탈리아가 꼽히지만 역사적으로 산 위에 도시가 들어섰고 개개의 장원, 특히 토스카나의 장원들이 능선 가장 높은 곳에 입지하고 있는 것과 경우는 다르지만, 견주어 볼 수 있다.

"유럽에서는 중세시대의 전형으로 영주들은 산성과 함께 산 정상에 자리 잡았네. 물론 교회도 마을의 중심에 자리하면서 가장 높은 곳을 점유했지. 그런 전통이 오늘날까지 이어져서 유럽의 전형을 이루는 경관으로 보이긴 하지만 방어 전략상의 이유가 점차 정치적·사회적으로 계급과 신분에 따른 패턴이 되었네. 여기 양동 같은 사례가 드물다면, 양동이 이런 모습을 보이는 데는 그만한 이유가 있지 않을까?"

"아직 거기까지는 잘 알지 못합니다."

"그래. 앞으로도 마을에서 살아온 사람들의 이야기를 중심으로 접근하면 도움이 될 걸세. 일종의 문화인류학적 접근이 되리라 보네."

내가 평소 관심을 가지고 찾아 드는 대상에 문화인류학에서 다루는 방식을 원용해 그걸로 내 학문적·이론적 배경으로 삼으면 되겠다 싶었다. 교수님을 모시고 서울과 옛 마을들을 답사한 것은, 옛사람들은 어떻게 살아 왔으며 그 삶의 흔적들이 오늘을 살아가는 우리에게 어떻게 계승되어 현재의 경관을 이루게 되었는지 직접 눈으로 확인하고 객관성을 확인받고 싶었다. 이 목표는 논문의 근간이 되었고 학위를 마친 후 내 평생의 화두로 삼은 경관 개념의 바탕이 되기도 했다.

경관은 무엇인가? 경관이란 어디서 비롯된 무엇인가? 내 답은 "경관은 삶의 흔적이 공간에 투영된 것"이라는 거다.

"전에 내게 이야기하기로 조선시대의 전기와 후기의 마을이 다르다고 했는데, 양동은 조선 전기의 마을이라 했던가?"

"예. 조선 전기부터 있어 온 마을입니다. 양동 다음에 답사할 매곡은 전형적인 조선 후기의 마을입니다. 우리에게 전해지는 조선 전기의 마을은 그리 많지 않습니다. 제가 살펴온 것들 중 전기의 마을들은 후기의 마을과 비교해 크게 다른 점이 있는데, 여기 양동처럼 마을이 입지한 곳이 넓은 들판을 앞에 둔 훤히 열린 곳이라는 겁니다."

"그래. 양동 하나만 보고 이렇다 저렇다 이야기할 수는 없을 노릇이고, 하나씩 차분히 답사해 보기로 하지."

"예. 마지막으로 찾아가 볼 큰 마을, 하회 또한 조선 전기의 마을로 대표되는 곳입니다. 매곡과 하회 그리고 여기 양동, 이렇게 세 마을을 통해 한국 전통 마을의 개략을 어느 정도 접할 수 있을 겁니다."

양동은 훤히 열린 자리에 있다. 일반적으로 알고 있는 전통 마을의 입지는 뒷산에 의지하고 앞쪽으로 하천이 흐르고 들이 있는 가운데 좌우의 산줄기로 둘러싸인 모습의 환포環抱된 공간이다. 그러나 양동은 그것과 거리가 멀다. 들판을 끼고 들어선 마을 입지 조건만 보더라도 양동은 전통 마을의 보편적인 상황과는 많이 다르다.

고택

양동의 고택들 중에는 건축적으로 특이한 것들이 있다. 향단은 건축적으로 다른 어디에서도 보기 힘든 평면을 가지고 있다. 특이한 평면 구성으로 인해 이 집의 얼굴도 무척 특이해졌다. 멀리 양동으로 들어오는 진입로 언저리 가장 외부로 삐져나온 언덕바지에 관가정과 함께 자리하면서 사람들의 눈길을 끈다. 박공을 붙인 지붕들이 불쑥 솟아나와 멀리서 보아도 박공지붕 셋이 나란히 솟아 보이는 의장이 한몫을 한다. 평면을 들여다보면 중정이 둘이고, 그게 그대로 지붕을 이룬다. 입 구口 자 형 평면 배치가 반복되고 그에 따라 박공 셋이 나란히 솟아 있는, 여느 고택들에서는 볼 수 없는 특이한 모습이다.

손씨 종가 송첨은 얼핏 보면 특이할 것 없는 평범한 모습이지만 안채에는 안마당의 너비만큼 마루가 놓여 있고 마루의 좌우에 안방과 건넌방이 있는 보기 드물게 전통적인 입 구ㅁ 자 형 고택의 평면을 가졌다. 조선 후기로 갈수록 점차 마루와 안방이 나란히 배치되면서 그만큼 안마당은 장방형의 넓은 공간을 가지게 되지만, 송첨은 그와 비교해서 매우 협소하게 거의 정방형에 가까운 중정을 가지고 있는 조선 전기의 평면 배치 형식을 지니고 있다.

무첨당은 지금처럼 대문이며 담도 없이 열린 마당이지만 언덕 위에 자리해 외부의 눈을 의식할 필요도 없었다. 안채는 사랑채와 전혀 별개로 분리되어 있어 그쪽으로 주인댁 눈치를 살필 것도 아니어서 더욱 그럴 수 있었다. 마음 놓고 오래 머물렀다.

향단에서는 꽉 짜인 폐쇄공간의 진면목이란 이런 것일까 하는 생각으로 안마당들을 한참을 둘러보았다. 향단은 밖에서 보는 것과는 다르게 작은 중정 공간들을 품고 있다. 입 구 자로 구성된 지붕 위로 보이는 손바닥 하나 크기도 안 되는 천공天空과 그리로 쏟아져 들어오는 햇살이 안마당을 가득 채우고 있었다. 향단은 특이하게 협소한 크기로 분리된 중정을 여럿 가지고 있으며 그로 해서 특이한 외관의 건축이 되었다.

이런 건축적 외형이 어떤 연유로 해서, 거기 살던 사람들의 일상을 어떤 식으로 담아 주었는지, 우리는 그런 살아 있는 내용을 모르고 외형의 건축공간만을 이야기하고 있는 건 아닌가. '그 집'은 건축이기 이전에 거기 살던 사람의 이야기가 담긴 공간이라는 사실을 망각하고 건축물의 이야기만 늘어놓은 것은 아닌가. 무첨당, 향단, 서백당, 관가정 같은 고택에서, 그 댁에 살았던 분들, 그 댁을 지었던 분들의 집 건축에 대한 이야기를 들을 수 있으면 좋겠다.

무첨당은 대문이며 담도 없이 열린 마당이지만 언덕 위에 자리해 외부의 눈을 의식할
필요도 없었다. 지금은 담과 문이 세워져 있다.

향단의 내부 공간은 밖에서 보는 것과는 다르게 작은 중정 공간들을 품고 있다. '입 구(口)'
자로 구성된 지붕 위로 보이는 손바닥 하나 크기도 안 되는 천공과 그리로 쏟아져 들어오는
햇살이 꽉 짜인 전형적인 입 구자 형 안마당을 가득 채우고 있다.

성형 미인

양동은 조선 전기부터 이어오던 자신의 전통적 색채의 원형을 흩지 않고 간직하고 있었다. 그런데 마을 전체에 걸쳐 대대적인 정비를 하고 난 지금, 예쁘긴 한데 왠지 딱딱함이 비쳐오는 과하게 성형한 미인 같아 친근하게 근접할 수 없는 차가움이 느껴진다. 오랜 역사를 지닌 조선시대의 유산이 아니어도 이 마을에는 근대 사회의 흔적들이 여럿 있었지만 마을 안의 모습을 조선시대로 돌아간 것처럼 일신해 놓았다. 조선시대의 모습이 아니라고 여겨지는 모든 것을 지워 놓았다. 분명 조선시대의 미인으로 잘 화장했는데, 너무 조선시대의 전통으로 되돌려 놓으려 과하게 분장한 역사 드라마 배우처럼 차갑다.

역사는 일천하다 해도 근대 이후 이 마을의 삶도 중요한 역사이자 내력이다. 그렇게 가까운 과거의 흔적이 있어 줌으로써 과거의 오래된 전통적 모습을 더욱 살아 있는 경관이 되게 해 준다. 오래된 역사를 고집하는 과한 고지식함은 역사적으로 얼마 되지 않는다고 낙인찍힌 것들을 대대적으로 정비해 버리는 우를 범하게 한다.

오랜만에 다시 찾아온 양동에는 많은 변화가 있었다. 때로는 눈에 드는 것도 있지만 눈 밖에 나는 낯선 것도 없지 않다. 양동이 몹시 낯설어 보이는 건 단 몇 해 동안 50년 혹은 100년의 세월을 거슬러 올라간 시점으로, 소위 전통 경관으로 온 마을을 급격히 바꿔 놓아 생긴 낯섦이다. 최근 세계문화유산으로 등재된 경사스러운 일이 이런 큰 변화의 중심에 놓여 있음이 분명하다.

양동 답사의 초점은 사람들의 삶의 흔적을 되짚어 가는 일이었다. 잘 알려져 있건 그렇지 않건 예로부터 전해지는 터전에 오늘을 살아가는 사람의 이야기가 있다. 근대적 삶의 흔적이 더해진 터전, 신학문을 받아들인 학교나 외부와의 교류로 첨단의 변화에 노출된 곳 이런 곳들에서도 마을 사람들이 살아온 이야기가 더해진다.

교수님의 양동 사진에는 지금처럼 변모하기 전의 모습들이 여럿 담

해묵은 사진에 담겨 있는 모습과 비교해 보면 그간의 마을 경관의 변화가 한눈에 보인다.
1986년(왼쪽)과 현재(오른쪽) 모습.

슬레이트 지붕을 이고 있던 집들은 아예 헐려나갔거나 초가지붕으로 바뀌었다. 없던 담을
새로 하였는데, 초가집 본채에 기와 얹은 흙담을 두른 모양새는 아무리 좋게 봐도 많이
이상하다. 왼쪽은 1986년, 오른쪽은 현재 모습이다.

생활양식이 바뀌고 농사 짓는 수단과 방법이 달라짐에 따라 마을 곳곳에서 만나는
자연스러운 변화들이 무척 흥미롭다. 집에서 키우던 소나 닭 대신 승용차가 자리하고, 개울
위에 걸린 다리는 약간 자리만 바뀌었으며 크게 자란 개울가 나무도 중요한 변화에 속한다.
왼쪽이 1986년, 오른쪽이 현재 모습이다.

겨 있다. 마을 한가운데의 교회, 느긋하게 엎디어 되새김하고 있는 암소와 고가와 농가의 어울림… 사진에 담기진 않았지만 매우 흥미롭게 보였던 한 국적인 형상이었던 학교 운동장의 책을 손에 들고 있는 세종대왕 동상도 양동의 독특한 이미지를 만드는 데 한몫했다. 어떤 이유로든 지금은 없어 진 것들에 관한 몇 가지가 생각난다.

• 관가정 아래, 마을의 첫인상

길게 이어져 오던 능선이 관가정 앞에서 급히 들판으로 내려앉으면서 관가 정 아래로 들과 기슭이 만나는 언저리에 몇 그루의 나무가 걸쳐 있다. 오른 쪽에서 왼쪽으로 완만한 구릉을 이루며 달려온 언덕은 왼쪽 끝머리의 은 행나무 노거수 몇 그루와 미루나무로 자연스럽게 마무리가 되고 있었다. 관가정 앞의 은행나무 두 그루와 그 아래 슬레이트지붕을 인 작은 가옥이 있었던 곳은 초가집으로, 몇 그루 미루나무가 나란히 서 있었던 곳에는 좋 은 수형의 소나무가 세련된 모습으로 들어서 있다. 소나무의 세련된 식재, 과연 소나무 낙락장송을 식재한 게 전통인지는 판단이 서지 않지만, 아무 튼 전통적 모습으로 되돌아가고자 한 이런 일은 장차 양동의 마을 경관을 어떻게 해야 할지에 대한 고심으로 이어지게 했다. 건축과 외부공간으로서 의 마을 경관이 서로 다른 논리로 엇갈려 가는 것 같은데, 환경 개선 사업 이전에 경관 형성 계획을 통해 검토해야 했던 일들이다.

• 교회

마을 한가운데 들어선 교회라. 교수님도 "참 흥미롭다"는 말씀을 하셨다. 마을 한가운데에 있는 교회는 전통 마을의 이미지로 미루어 보면 분명 이 질적인 요소가 될 수 있다. 하지만 그게 이미 오랜 세월 이 마을과 함께 있 어 온 것이라면 이야기가 많이 달라질 수 있다.

"저기 저건 분명 교회처럼 보이는데, 하긴 서울에서도 시내 곳곳에서 교회를 많이 보아왔네만, 여기 시골의 농촌마을에서도 근대화의 영향은 남

완만한 선을 이루며 달려온 구릉은 관가정 앞 언덕 끝머리 은행나무 노거수 부근에서 멈추어 섰고, 구릉이 끝난 평지에는 여러 그루의 미루나무로 자연스럽게 마무리되고 있었다(위). 은행나무 아래 슬레이트지붕을 인 작은 가옥은 현재 초가집으로, 미루나무가 나란히 서 있던 곳에는 좋은 수형의 소나무가 세련된 모습으로 들어서 있다(아래).

마을 한가운데에 있는 교회는 전통 마을에서는 분명 이질적인 요소이다. 하지만 양동의
경우처럼 이미 오랜 세월을 이 마을과 함께 있어 온 것이라면 이야기가 달라질 수
있다(왼쪽). 양동마을 정비사업 이후 교회는 다른 곳으로 이전되었다(오른쪽).

다른 것이었나?"

"보통 양동 같은 전통 마을들, 특히 영남지방은 굉장히 보수적인 성향이어서 좀처럼 교회는 물론이고 서구문명이 들어오기 수월하지는 않았습니다. 이런 마을의 경우에는 정확히 언제 어떤 연유로 교회가 들어선 것인지는 모르겠습니다만 상당히 일찍부터 개화된 생각들이 있어온 게 아닌가 짐작해 봅니다."

"그렇군. 아무튼 한편으로는 이색적이고 다른 한편으로는 마을의 경관이 형성되는 과정에서 상당히 재미있는 접근이 될 만큼 특이한 모습으로 보이네."

"이 마을에 있어 온 일상생활의 흔적으로 자연스럽게 받아들여도 좋겠다는 점에서 보면 어떨지요?"

"가타부타 그런 의미가 아니라, 난 어디까지나 외국인으로서 제3자 혹은 여행자 입장에서 바라보이는 특이한 모습이란 걸 말한 거네. 다만 경관이란, 특히 도시처럼 외부 환경 영향을 많이 받는 곳이 아닌 시골의 농촌마을에서라면. 그간 독일에서 보았겠지만 농촌은 상대적으로 보수적일 수밖에 없지 않나. 농촌에서 경관은 그곳 사람들이 살아 온 자연스러운 흔적과 궤적도 중시할 필요가 있다는 점을 말하고 싶네."

• 마을 길, 담장

"이 마을 곳곳에서 오래된 기와집의 오래된 기와와는 많이 다른 기와를 얹었거나 슬레이트를 올린 집들이 많이 보이네. 근대 사회에서 회자되던 외형적인 형태미에 관한 좋은 근대미학이론은 색의 조화, 형태의 균형과 균제가 기초적 의장 이론으로는 탁월할 수 있지만 그걸 실제에 적용시키다 보니 어느덧 틀에 박힌 판박이로 고착될 수 있는 등 적잖은 오류가 발생하는 걸 알아차리게 되었네. 양동 같은 농촌마을의 경관 역시 외형적으로 보자면 이 마을과 저런 슬레이트나 시멘트 블록으로 해 둔 담장은 분명 서로어울리는 조합은 아니지. 그렇지만 그 이상으로 이 마을이 농촌의 환경으

삶이란 사회의 변화에 따라 유기적으로 변하는 것이다. 특히 양동은 여러 곳에서 세월 따라 함께 변해 간 여러 모습들을 보여 준다. 왼쪽이 1986년, 오른쪽이 현재 모습이다. 사진 촬영 지점인 이 집 앞쪽에 다른 건조물이 하나 들어서서 예전의 그 시점장을 정확히 잡을 수 없어 약간 왼쪽으로 이동했다.

로 농경을 주업으로 삼는 곳이라면 그것 역시 생활과 환경 간의 관계에서 이루어진 경관이므로 형성과 관계된 그런 내력을 읽어 볼 수 있어서 흥미롭네."

"물론 그 점 충분히 이해할 수 있습니다만 전 독일의 철저한 원형보전에 입각한 정책과 기꺼이 그 정책에 공감하고 지켜 가는 주민들의 태도가 무척 부러웠습니다."

"그럴 수도 있겠지. 하지만 거기는 또한 그 정도가 너무 과한 점도 없지 않아. 잘 새겨서 판단하는 게 필요해. 솔로몬의 지혜와도 같은 거지."

"언젠가 교수님 책에서 읽은 게 있습니다. '농촌이 도시와 경관적으로 확연히 다른 점은, 도시는 원활한 시장과 유통에 따른 건축 재료의 다양한 수급과 기계화된 장비로 손쉽게 향토 재료의 제한성에서 벗어날 수 있기 때문에 형태적 측면에서 국제적으로 통용되고 동일화되는 경향을 띨 수 있었다. 그에 비해 농촌 혹은 어촌이나 산촌의 경우는 그 땅에서 생산되는 향토적 재료에 일일이 각자가 가진 자체 노동력만으로 일구어 가야 했기에 다른 지역에서 볼 수 없는 특색 있는 경관을 지니게 된다.' 저는 그런 교수님의 말씀이 오늘날 우리에게도 잘 적용되지 않을까 생각합니다."

"이 마을에서는 특히 재료의 수급 보다는 건설을 하는 인력이나 장비와 관련된 관계에서 읽히는 향토 경관 혹은 전통적 사회에서 있어 온 자연환경적 측면이 강한 경관을 견주어 볼 수 있네. 건설 인력이나 장비의 부족으로 마음먹은 만큼 과도한 토목사업이 불가능했고 그에 따라 자연과 밀접한 경관을 유지할 수 있었다는 이야기인 거지. 전통사회에서는 인위적으로 많은 손질을 할 수 없었기에 어지간한 부분은 있는 그대로 두었다는 것도 특정 지역 전통 경관의 바탕에 깔려 있는 원리일 수 있지. 요즘 기계문명이 발달해 감에 따라 너무 인위적으로 다듬어 가는 경향을 띠네만, 지금이 양동마을은 곳곳에서 덜 손질된, 그래서 한편으로는 정리가 안 된 모습으로 보이지만 그게 그대로 지극히 자연에 가까운 자연스러움을 간직한 농촌 경관의 전형을 갖추고 있다고 보네.

향단. 위가 1986년이고 아래가 현재 모습이다. 외곽에 담장을 두른 탓에 바뀐 부분이
구체적으로 잘 드러난다.

1986년(위)과 현재(아래) 양동의 경관이 잘 비교되어 보인다. 예나 지금이나 마을을 찾아온 사람들에게 눈에 잘 띄는 원경 중 하나다.

매곡

매곡은 골짜기 안쪽 깊이 자리하고 있어 가까운 곳에 들이 없다. 산은 그리 높지 않으나 나지막한 산줄기가 앞뒤로 바짝 붙어 길게 이어져 있으며 20가구를 웃돌지 않는다. 영천시내에서 들어오는 노선버스는 하루 한 차례, 저녁에 들어와 마을에서 하루 묵고 이튿날 아침에 마을을 출발해 시내로 나간다. 초등학교 다니는 아이들의 통학버스 편이라 하는 것이 더 어울릴 것 같다. 마을로 들어오려면 오후 늦게 들어오는 버스를 이용하면 되겠지만 숙박할 만한 곳이 없다 보니 별 의미가 없다. 영천시내에서 택시를 이용하거나, 큰 길을 따라 하루 몇 차례 왕래하는 버스를 타고 와서 걸어 들어가면 되겠지만 한 시간은 족히 걸어야 한다. 도중에 동네는커녕 집 한 채도 없는 무인지경이다.

워낙 깊은 산골에 교통까지 불편해 교수님을 모시고 오기 전에 두어 차례 다녀왔다. 처음 찾아 왔을 때였다. 계곡으로 접어드는 초입 부근에서는 간간이 길가의 밭에서 일하는 농부의 모습이 보였지만, 그마저 시야에서 사라진 하얀 골짜기 길을 근 한 시간이 지나도록 걸었지만 민가 하나 나오지 않았다. '아직 마을이 존재하고 있기나 할까', '마을은 고사하고 이 길이 끝나기 전에 누구 하나 만날 수나 있을까', 끝없이 불안했던 기억이 생생하다. 멀리 언덕 위 높직이 올라앉아 보일 듯 말듯, 무언가가 시야에 들어

매곡은. 산은 그리 높지 않으나 나지막한 산줄기가 앞뒤로 바짝 붙어 길게 이어진 곳에 자리 잡았다. 왼쪽은 1986년, 오른쪽은 현재 풍경이다.

오면서야 안도했다. 정자였다.

마을의 존재를 알려 주는 산수정

교수님을 모시고 일단 영천으로 갔다. 고민을 좀 했다. 택시를 타고 들어가야 할까, 버스를 타고 큰길에서 내려 긴 계곡 길을 걸어 들어가야 할까, 아니면 하루에 하나 밖에 없는 버스를 기다려 곧장 마을로 들어갈까? 고민은 했지만 답은 이미 오래 전에 나와 있었다. 교수님께 전수받은 마을 답사의 ABC, 걸어서 힘들게 가라.

아무리 그렇다 하더라도 귀한 손님을 모시고 안내하는 건데, 큰길에서 버스를 내려 한 시간 남짓 인적도 없는 산골마을을 생짜로 걸어야 하는가 하고 수없이 되뇌어 보았지만, 답은 결국 그래야 할 거였다. 한 시간의 시골 비포장 길을 걸어 들다가 드디어 멀리 언덕 위에 올라앉은 정자가 보일 즈음, 교수님의 생각도 이곳을 처음 찾았을 때의 나와 크게 다르지 않았을 것이다.

일반적으로 언덕이든 산이든 꼭대기에 정자를 올려 놓지 않는다. 중턱이나 기슭의 약간 높은 곳, 멀리까지 바라볼 수 있는 곳에 세운다. 밖에서 마을로 들어오는 사람에게 멀리서부터 마을보다 먼저 눈에 띄게 된다. 정자에서는 멀리서 누군가 동네로 들어오는 모습이 계곡과 계류와 들길과 함께 어우러져 보인다. 매곡의 정자도 어김없이 그런 틀 속에서 움직이고 있었다.

산수정山水亭이라는 이름을 단 매곡의 정자는 외지에서 찾아 드는 사람에게 맨 처음 마을의 존재를 알려 주는 랜드마크다. 매곡 동네보다 골짜기 안으로 더 들어간 곳에 있지만 언덕 위 높은 곳에 있기에 마을이 모습을 내보이기 전에 먼저 손님을 맞아준다.

"교수님 책에서 언급하신 'Erstes Erkennen'이 생각납니다. 사람과의 관계로 보자면 첫 만남과 첫 인상과 같은 걸 의미하는 걸로 새겨 봤습니다만, 제가 매곡을 사전 답사하며 들어왔을 때, 바로 여기쯤에서 그런 걸 떠올릴 수 있었습니다."

"그래. 숲에서 나오거나 숲 언저리를 따라 가다가 꺾어지는 곳, 혹은 고개를 넘어가며 가장 높은 고갯길에 이르러 눈앞으로 펼쳐지는 경관을 만날 때 눈앞의 대상에 대한 우리의 인상 같은 걸 두고 이야기했던 거지."

"독일이나 대부분의 유럽에는 산지가 많지 않고 평지나 구릉에 숲이 우거져 있어서 우리나라에 견주어 보면 산이나 골짜기가 그 역할을 해 주는 것으로 여겨집니다. 독일에서 숲길을 따라 간다는 건 우리나라에서는 산길을 간다는 것에 비견될 것 같습니다. 그런데 우리에게서 산길을 간다는 건 등산 개념이지 일상의 오가는 동선이 될 수는 없습니다. 이곳 경상도 지방은 그 정도가 더 심합니다."

"그래, 구조적으로는 다소 달리 적용되겠지. 이를테면 지금 우리가 걸어오다가 멀리 저 정자가 맨 먼저 시야에 들어올 직전처럼 골짜기의 휘어 드는 길목이라든가 약간의 고갯길에 오르면서 고개에 가려 있던 것들이 어느 순간 시야에 들어오기 시작한다든가."

"이 마을에 처음 정착한 매산의 글에, 휘 돌아드는 언저리가 양쪽 산자락으로 좁게 닫혀 있어 문과 같다 하여 석문이라 이름을 붙인다고 나옵니다. 저희들이 정자를 처음 만난 여기쯤이 아닐까 합니다. 일종의 'Erstes Erkennen'의 장소와 상관된다고 보입니다."

"그런데 저기 멀리 보이는 정자가 산수정이라 그랬던가? 산 정상도 아니고 그렇다고 완전 땅에 내려앉은 것 같지 않은데? 멀어서 잘 보이진 않네만."

"석문이란 이름은 휘어드는 곳을 중심으로 본거라기보다는 정자에서 바라보는 시각에서 붙인 이름일 겁니다. 그리고 일반적으로 정자는 언덕 위 정상에 두지 않습니다. 기슭의 중턱쯤, 그래서 오르내리기도 수월하고, 또 멀리서 마을로 들어오면서 금방 눈에 띨 만큼 높은 곳에 두지요."

양동에서 그랬던 것처럼 마을을 찾아들 때, 왜 멀리서부터 천천히 그것도 가능하면 걸어서 찾아 들어야 할까? 교수님이 평소 강조하시던 멀리서 보기, 멀리서부터 찾아 드는 방식의 요지는 분명하다. 만약 차를 타고 가거나 걸어서 가다가 어느 고갯길에 이르면 눈앞으로 확 펼쳐지는 모습이 나타난다. 과천에서 서울로 가다가 서울과 과천의 경계가 지나가는 남태령 고갯마루에 이르면 사당에서 동작동에 이르는 서울이 눈에 들어온다거나 춘천방면에서 오다가 망우리 고개를 넘어서면 북한산, 도봉산 준령을 배경으로 서울 외곽이 한눈에 들어오는 것과 같은 이미지일 거다.

외지인으로서 낯선 마을과의 첫 대면이 이루어지는 곳, 그곳에서 느껴지는 경관 이미지가 경관 계획 과정에서 무척 중요하다는 것이 교수님의 지론이다. 여기에 덧붙여 그런 첫 대면의 장소에서 만나는 마을이나 동네의 인상은, 차를 타고 접근했을 때와 걸어서 혹은 최소한 자전거로 숨이 차도록 힘들여 올라섰을 때 눈앞에 펼쳐지는 경관으로 만나는 것의 차이는 크다. 동네 주민이 아닌 제삼자로서 계획가는 그렇게 온 몸으로 경관을 읽고 미세한 경관의 변화까지 감지해 경관이 내포한 가치 가까이 근접해 가도록 해야 한다. 그래서 멀리서부터 걸어서 마을을 찾아 드는 것이다.

걸어서 다니면 서울시내에도 그런 곳은 얼마든지 있다. 워낙 지하철로 다니거나 차를 몰고 다니고, 과밀한 차량 교통에 우리의 시각적 감각이 무뎌져서 그렇지만 안국동에서 경복궁 쪽으로 바라보면 눈앞에 생각보다 훨씬 높은 고갯길이 펼쳐진다. 삼청동, 화동의 정독도서관 그 언저리에서 길게 남쪽으로 흘러내리던 산줄기가 이루는 고갯길이다. 멀리 경복궁 동남 모서리의 동십자각이 지붕만 보이다가, 서서히 걸어와 고갯길 정상에 서면 눈 아래로 동십자각과 광화문 그리고 경복궁 일대가 펼쳐지고, 그 너머 멀리 인왕산이 듬직하게 자리 잡은 아름다운 경관이 펼쳐지고 있는 걸 확인할 수 있다. 이런 것들이 모두 첫 대면이 이루어지는 장소와 경관 이미지가 어우러지는 곳이다.

매곡과의 인연

교수님 연구실에 들어가 얼마 되지 않은 어느 날, 아직은 논문의 깊이를 가

늠할 수 없어 막연한 상태에 있을 즈음, 세관으로 나오라는 명령서가 발송되어 왔다.

　세관원이 내놓은 소포 꾸러미에는 고서 영인본 한 질이 들어 있었다. 얼마 전 아버지께 편지를 드려 매곡에 전해오는 옛날 문집이 있을 텐데 혹 구할 수 있으면 하나 보내 달라고 집에 부탁드렸는데, 노란색 표지에 《매산집》이라 쓰여 있는 걸 보니 그게 온 모양이었다. 매곡마을의 입향조 매산 정중기의 문집이다. 두 권씩 다섯 책으로 묶여 있는데 그게 문제가 된 것이다. 고서처럼 묶여 있고 여러 권이며, 알 수 없는 그림 같은 글씨가 박혀 있으니 이게 골동품인지 모른다는 의심이 든 모양이다. 종이 질을 보면 골동품인지 아닌지 그걸 모르나.

　"이게 뭐냐?"

　"책."

　"무슨 책?"

　"집에서 보내준 것."

　"왜?"

　"논문 쓰는 데 참고하려고."

　"어떤 내용인데?"

　"옛날 사람이 쓴 글."

　이유도 영문도 모르고 묻는 말에 대답하는 식으로 한참을 가다 상황을 알아차리고 보니 내 대답은 세관원이 이 책에 통관 세금을 매겨야 할 것으로 더욱 마음을 굳히게 한 빌미를 준 꼴이 되었다. 이걸로 통관세를 물려야 할지, 물린다면 또 무슨 기준이고 판단할 근거도 없어 무척 난처한 상황인 모양이었다. 세관원은 세금을 매기려 했지만 가격이 매겨져 있지 않으니 얼마를 매겨야 할지 몰라 딜레마에 빠졌고, 나는 공연히 돈을 물어야 할 이유가 없음에도 불구하고 여기 붙들려서 애를 먹는 걸 억울해 하고 있었다. 그냥 복사본이라 하면 될 걸, 일이 꼬이려니 그런지 그런 식으로 대응할 생각이 떠오르지 않았던 거다.

어쨌든 입장으로 보면 내가 약자일지 모르나 고지식한 독일 세관원 앞에서 "난 결코 돈을 낼 수 없다"고 주장하고 있었다. 독일 사람은 겉으로는 무척 강해 보이지만 의외로 약한 부분이 있는데, 특히 남자들의 경우 조금 세게 나가면 뒤로 물러서는 경향이 있다. 그걸 염두에 두고 좀 세게 나가 보았으나 그런 강수에 돌아온 대답은 의외로 단호했다. 그렇다면 자기도 "이 소포를 되돌려 보낼 수밖에 없노라"는 것이다. 내가 졌다. 이 문집이 내게 얼마나 도움이 될지는 모르지만, 애를 써서 구해 준 물건인데 되돌려 보낼 수는 없었다.

어떤 기준으로 어떻게 매겼는지 따지지도 못하고, 결국 비싼 통관세를 물고서야 소포를 찾을 수 있었다. 얼마를 냈는지 기억은 나지 않지만 당시 내게 결코 적은 액수는 아니었다. 차라리 이럴 줄 알았으면 처음부터 살짝 엎드려, 학생인데 봐 달라든가 좀 싸게 매겨 달라든가 했더라면 정상을 참작해서 좀 깎을 수도 있었을지 모르지만 별 도리가 없었다. 거금(?)을 강탈당하고 책을 받아 들었다. 허탈한 심사를 달래느라 세관 앞마당 벤치에 앉아 뒤적뒤적 책장을 넘기고 있었다. 문득 문집 어느 한곳에 시선이 갔다. 쉼표도 없고 띄어쓰기조차 없어 암호보다 더 헷갈리는 새카만 활자들 속에서 이상한 것들이 눈에 들어오고 있었다.

"내가 이곳에 들어와 집을 짓고 가족을 건사한 것은 …"

이런 말로 시작되는 매곡에 마을이 들어서게 되던 시점의 매산 자신의 이야기였다. "이게 뭔가!" 사실 솔직히 집에다 매곡의 문집을 구해 보내 달라고는 했지만, 뭘 알고 그랬던 게 아니었다. 뭐 이런 비슷한 게 있지 않을까 혹은 그런 비슷한 게 있다면 참 좋을 텐데 정도의 막연한 바람이었을 뿐 매곡에 전해 내려오는 문집이 있는지조차 몰랐다. 그런데 그게 현실이 되어 눈앞에 마술처럼 펼쳐진 거다.

그 자리에서 전체 문집을 마구 뒤져보았다. 문자 그대로 미친 듯이 뒤졌다. 그리 많은 분량은 아니지만 매곡이 입지한 곳에 대한 이야기, 멀리 보현산에서부터 흘러내리는 산의 흐름을 더듬어 내려오며 그 일대의 지형과 지세를 서술한 것들이 있고, 이어 현재 매곡마을의 종택인 매산 고택과 정자 산수정에 대한 이야기까지 오롯이 담겨 있는 부분들이 눈이 띄었다.

그때까지 나는 문집에 어떤 글이 있는지, 옛 사람들에게 문집이 어떤 의미를 갖는 것인지도 전혀 모르고 있었다. 만약 세관에서 통관 문제로 승강이를 하지 않았거나, 세금으로 거금을 물지 않았다면 다른 책이나 복사물 더미 속에 묻어 놓고는 거의 들여다보지 않았을지 모른다.

《매산집》

매산이 어릴 적 고향마을에 전염병이 창궐했다. 일가 모두가 고향을 떠나 여기저기로 피접을 가야 했다. 그때 매산이 간 곳은 고향마을에서 직선거리로는 얼마 되지 않지만 한참을 돌아들어야 하는 깊은 산골의 적막한 곳이었다. 거기서 초막을 짓고 살다가 전염병이 물러가고 난 뒤 고향으로 돌아갔다. 훗날 급제를 하고 벼슬길에 나가며 분가해 새로운 곳에 터를 잡으면서 피접 때 머물렀던 그 골짜기를 택했다. 아무도 살지 않은 이 골짜기를 찾은 것은 일찍이 홀로 지낸 경험과 그때 마음에 두고 있던 이곳 자연에 대한 감상과 무관하지 않았을 것이다.

매곡마을에는 마을 건너편, 작은 계류를 끼고 앉은 나지막한 언덕에 종가와 함께 조성된 산수정이 있다. 정자에 바짝 붙어 바위가 드러난 암벽이 있다. 뒷산이 흘러내리다가 거기서 멈춰선 형상이다. 그 옆으로 돌아서 뒷산으로 오르는 희미한 흔적이 나 있다. 바짝 마른 낙엽이 쌓여, 아직 쌀쌀한 날씨에 얼었다 살짝 녹은 뒤인지라 바닥이 무척 미끄럽다. 조심조심 뒷산으로 올라가 보면, 정자 지붕 너머로 멀리 산기슭에 의지해 자리한 마을과 작은 들을 끼고 흘러나가는 계류, 그리고 이들을 모두 꽉 감싸듯 막아선 산봉우리들이 이루는 아담한 경관이 펼쳐진다. 매곡과 산과 계곡의 경관은 요즘 보기 드문 오지라 그렇지 그저 한적하고 깨끗한 산골이 될 수 있을 평범한 수준이다.

이 마을의 풍광이 어떠했는지는《매산집》에 실려 있는 매산의 글에서 자세히 접해 볼 수 있다.

보현산은 일명 모자산이라고도 하는데, 산 정상에서 남서 방향으로 흘러내리던 산은 어느 한곳에 이르러 작은 봉우리를 이루며 잠시 흐름을 멈춘다. 봉우리는 저녁노을에 붉게 물들곤 하는데 거기에 자하봉이라 이름을 붙인다. 거기서 산줄기는 길게 두 길로 나뉘어 남쪽으로 흘러내려 좁고 긴 골짜기를 이룬다. 그 언저리에 약간 넓어진 곳이 있다.

사람들은 읍(현재 영천시)의 형국을 봉황이라고 한다. 봉황은 예로부터 오동나무에만 집을 짓고 대나무 열매를 먹는다고 했는데, 읍 남쪽의 죽림사와 이 골짜기에 오정사가 있는 것도 그런 관계다. 지금 오정사는 없지만 이 골짜기 깊숙한 곳, 길이 끊어진 곳에 기와 편들이 여기저기 흩어져 있는 것으로 보아 거기가 오정사 절터인 것을 지금도 더듬어볼 수 있다.

항간에 이르기를 여기는 매화낙지梅花落地 형국의 땅이라고 하는데, 매화낙지의 화심처花心處에 집을 마련한다. 자하봉에서 양 갈래로 흘러내리는 중의 한 줄기가 작은 봉우리를 이룬다. 그 산에 의지해 간좌로 집을 마련하고 뒷산을 간산艮山이라 이름 붙인다. 간방에 집을 만드니 64괘의 간이 팔괘의 간을 둘 포갠 것으로 아래 위에 산이 거듭됨을 뜻하는 것과 같다. 《주역》의 간괘艮卦에서 괘가 일러주는 뜻은 나서지 말고 멈추라는 것이다. 팔괘에서 간艮은 산을 상징하고 멈추다, 나서지 않는다는 뜻이다. 《매산집》에 나온 내용이다.

집과 정자를 세우고 입지한 자리와 주변의 경관을 시문으로 표현하는 것은 퇴계의 〈도산잡영〉과 〈도산십이곡〉 같은 걸 본보기로 삼아 조선시대의 선비들 사이에서는 일반적인 일이었다.

《매산집》에는 이 마을과 종가 그리고 정자를 이야기한 내용들이 실려 있습니다. 그걸 읽으면 이 마을에 정착하던 시점의 작정자의 생각이 어떠했는지 알 수 있습니다."

"그 문집이 나온 게 언제쯤 일인가?"

"매산 생전에 남긴 글이란 점을 고려하면 18세기 중반쯤입니다. 그런데 문집에서 다룬 내용을 설명해 드리는데 조금 어려운 부분이 있습니다."

"그럴 테지. 특히 전통적·향토적 문화 요소에는 서로 다른 문화권에서는 쉬 공감하거나 이해하기 어려운 부분이 있기 마련일 테니."

"예. 《매산집》의 내용을 전해 드리기 위해서는 두 가지 정도 사전 설명이 필요합니다. 내 소유지가 아니더라도 산이나 골짜기 혹은 바위와 같은 자연에 있는 크고 작은 대상에 이름을 붙여 보는 조선시대 선비들의 한 특징적인 행동이 있습니다."

"그래, 그건 나도 어느 정도 이해하고 있는 내용이네. 동아시아의 중국문화권에서 보편화되어 있는 걸로 아네. 유럽에서도 18세기 전후로 그런 게 전해졌네. 영국식 정원에서, 물론 사유지이긴 했지만, 멀리 점경물을 두고 이름을 붙이거나 의미를 주는 일들이 있었다고 아네."

"예. 일종의 그런 계통으로, 우리나라에서는 인공적으로 점경물을 만들어 놓는다거나 하는 일은 거의 없이 주로 이름만 붙이고 의미를 부여했습니다."

"그럼 《매산집》에도 매곡에 관한 그런 일들이 기록되어 있는 건가?"

"예. 방금 걸어 들어온 마을 입구 언저리의 골짜기를 석문이라 했다고 말씀 드린 것처럼 마을 가운데 계곡을 타고 흘러내리는 계류를 매계라 하며, 북쪽 깊숙한 곳의 봉우리를 자하봉이라 한다는 등 각 대상마다 기록을 하거나 시를 읊고 있습니다."

"각각의 의미와 함께 하나의 총체적 의미로 종합되는 이미지도 있겠지, 틀림없이?"

"예, 그렇습니다. 매곡에서 제가 그려 본 마을 경관의 이상화된 그림이 교수님께 전해질 수 있을지 그게 궁금합니다."

"그래, 나도 기대가 되네. 그리고 또 미리 알아둬야 할 다른 건?"

"《주역周易》입니다."

"*I Ging* 혹은 *I Ching*. 그래 알고 있어. 만물의 변화에 대한 철학서 혹은 경전으로 알려져 있네. 기본 개념이나 용어 정도는 알고 있지. 상세한 내용으로 들어가면 좀 어려워지겠지만."

"아, 그런데 정말 다행히 독일어로 번역된 책이 있었습니다."

리하르트 빌헬름Richard Wilhelm의 *I Ging, Das Buch der Wandlungen*(1924)
이 그것이다. 1900년 중국 칭다오에 있는 동안 《주역》에 대해 알게 되어 전
체를 독일어로 번역 출판했다. 지금도 재발간되고 있는데, 서구에 알려진
최초의 《주역》 번역서로 알고 있다. 나는 그 책의 도움으로 주역의 개설과
매산에게 큰 의미를 주었던 간괘의 괘상을 큰 어려움 없이 교수님께 설명
드릴 수 있었다.

"매산의 생각을 읽기 위해서 간괘를 이해하는 게 가장 기본적인 일
이었습니다."

《매산집》에 실린 내용을 해석해 보면, 매곡의 장소성은 《주역》에 다
루어진 간괘와 관계되어 있다. 그리고 간괘는 "나서지 말고 그치라, 때를 기
다려 멈추어라"로 해석되는 괘상을 가지고 있다.

나서지 말라. 나아가지 말고 멈춰라. 하던 일을 멈추고 초야에 파묻
혀 침잠하라. 이런 류의 해석이 가능할 것 같은 간괘의 괘상은 매곡에 정
착해 집을 짓고 마을의 기초를 세우는 으뜸 사상을 내보인 걸로 이해할 수
있다. 여기에 매·난·국·죽 사군자의 하나로 굳은 절개와 곧은 선비 정신을
표상하는 매화가 겹쳐진다. 자신의 호, 마을의 이름, 그리고 이 땅의 형국과
상관해 서로 일관되게 매화를 결부시키고 있다.

"매곡 종가는 간산아래 매화낙지의 화심처에 간방으로 세워졌습니
다. 특정한 방향으로 향을 잡는 것은 그 방향을 상대해 받아 주는 대상이
있게 마련입니다. 우리는 대개 맞은편의 산을 그걸로 삼습니다. 안산 혹은
안대하는 산을 거론할 수 있습니다. 《매산집》에서는 안대한 산에 대한 별
다른 내용이 나타나지 않지만 얼마 전까지도 사람들은 종가 맞은편의 저
봉우리를 두고 학산鶴山이라 불렀습니다."

"여기 마루에 한번 서 보게. 저기 마치 액자를 두른 것처럼 마루 처
마와 바깥채 지붕선 사이로 앞산이 세 봉우리를 이루는 아름다운 그림이

누마루로 비쳐 드는 안대한 산과 경관을 즐기고, 정자에 앉아 경관을 즐기고 시를 읊으며
학문에 침잠하는 건 조선시대 선비들의 전형이다.

들어와 있지 않나."

"어쩌면 매화 화심처로 날아드는 한 마리 학을 떠올려 보는 장면이
아닐까 합니다."

매산의 눈에 든 매곡의 경관

고택마다 그 집의 이름, 택호가 있다. 이 집의 택호는 간방의 새 둥지라는
뜻의 간소艮巢다. 문집에는 들어 있지 않으나 사랑마루에 간소라는 현판이
걸려 있다. 이 집은 한 마리의 학이 날아들 듯 앞산이 안대해 주어 절묘한
조화를 이룬 새 둥지 혹은 보금자리가 되는 것이다.

산수정에 앉으면 좁고 긴 계곡의 계류와 골짜기, 자그맣게 자리 잡은
마을 일대가 다 보인다. 오른쪽 대각선 방향으로 종가와 마을이 보이고 왼
쪽으로 고개를 돌리면 자하봉 아래로 오정사가 있었다던 깊어지는 골짜기
가 반듯하게 비쳐온다.

정자의 전면은 누각 형식이다. 누마루 아래 기둥을 받치고 있는 곳
에는 넓적한 반석이 두 단으로 층을 이루고 있다. 계류변에서 올려다보면
매곡정사 현판이 보인다. 산수정의 원래 이름은 매곡정사다. 매곡정사에는
정자의 기능과 공부하는 장소가 복합되어 있다. 양쪽 방문 위에는 각각 서
재 이름을 새긴 현판이 걸려 있고 마루에는 산수정이라 명기된 작은 현판
이 걸려 있는데 산수정 이름은 거기서 온 거다. 정자 뒤쪽에는 툇마루를 두
고 문을 달아 놓아, 툇마루에서 문을 열고 마루로 들어가게 되어 있다.

산수정 주변에는 눈에 잘 띄지 않는 작은 웅덩이를 이룬 옹달샘이
있다. 거기서 솟아나는 물이 산으로부터 흘러내리는 물과 합쳐져 작은 낙
차를 이루며 조금 큰 웅덩이를 이루었다가 산수정 아래의 계류로 흘러든
다. 워낙 오랜 세월을 사람 손길이 닿지 않은 채 지나온 관계로 거의 자연
상태의 평범한 물줄기 같지만 자세히 살피면 약간의 사람 손길이 닿아 만
들어진 게 분명하다. 문집에 따르면 정자 주변에는 옹달샘 외에도 정자 뒤
의 바위, 누마루 아래 두 층의 반석 같은 게 각각 이름을 받아 명명되어 있

한 마리 학이 날아들 듯 앞산이 안대해 주어 절묘한 조화를 이룬 새 둥지 혹은 보금자리를 뜻하는 간소가 이 집의 택호다.

고 그 외 몇 가지 정원을 이룰 만한 소재들이 더 있었으나 일일이 밝힐 만큼 유지가 남아 있지 않다.

간산 아래서 안대한 학산을 바라보며 앉은 종가, 종가를 위시해 멀찍이 보이는 마을의 경관은 매산에게 특별났다. 한 폭의 이상화된 그림 같은 경관을 떠올렸을까? 그 경관을 어떻게 구체화했을까? 산수정은, 아마도 매산이 피접왔을 때 머물렀던 초막이 있던 곳이었을까 싶지만, 그 그림을 조망하는 장소이기도 했으리라. 산수정에서 바라보이는 저 경관을 떠올리고 매화 가지에 걸린 둥지와, 보금자리를 찾아 날아드는 한 마리의 학, 한 마리보다는 한 쌍의 학이 되는 게 낫겠다. 아무튼 그런 류의 한 폭의 그림을 떠올렸을 것 같다.

누마루로 비쳐 드는 안대한 산과 경관을 즐기고, 정자에 앉아 경관을 즐기고 시를 읊으며 학문에 침잠하는 건 조선시대 선비들의 전형으로 생각하고 있다. 1901년 지금부터 100여 년 전 우리나라를 찾아왔던 독일인 기자 겐테는 조선 사람들의 자연 사랑에 관해 소개했다.

"삶 전체를 적막한 숲 속에서 보내는 승려들 외에 단순히 여행을 즐기며 금강산을 횡단하는 나그네도 적지 않았다. 조선인들은 아름다운 경치를 사랑하는 정열적인 예찬가다. 그들의 자연관은 중국보다는 오히려 일본에 더 가까운 것 같다. … 통역을 통해 나그네에게 여행의 목적을 물으면 '경치를 즐긴다'는 대답을 종종 듣게 된다."

'경치를 즐긴다'로 번역된 부분의 원문에는 'Oangyöng', 즉 완경玩景이라는 말을 소리 나는 그대로 옮겨 놓고 해석을 'Aussichten geniessen', 즉 '조망을 즐김'으로 해 두었다. 서술이 계속되고 있다.

"이건 조선인들의 삶에 주요한 역할을 하는 것 같다. 낯선 외국인이 조선에 도착해 제일 먼저 관찰할 수 있는 것은 감정의 몰입이다. 원주민들은 고요히 자연을 즐기는 일에 집중하곤 한다. 높은 산 정상이나 바다와 숲이 보이는 전망 좋은 장소에서, 꼼짝도 하지 않고 아름다운 풍경을 응시하며 무리 지어 앉아 있는 모습을 볼 수 있다. 자연에 완전히 심취하는 놀라운 관조이다."

_겐테 지음, 권영경 옮김, 《신선한 나라 조선, 1901》, 2007, 175쪽

조망 경관에 담은 산수정

멀리 산수정이 바라보이는 지점에서 잠시 이야기를 나누고 한참을 걸어 마을에 도착하니 겉으로는 전혀 아무 일도 아닌 듯 조용한 가운데 동네 앞 개울에서 빨래를 하던 아낙들이며 길 가던 아이들 표정에서도 작은 동요가 일었다. 마을이 생기고 처음으로 외국인이 들어왔기 때문일 것이다. 하긴 특별난 볼 일이 없고서야 내국인인들 공연히 찾아들 일이 있겠나 싶은 그런 산골마을에 외국인이 들어온 거였다.

마을에 도착해 먼저 가장 웃어른을 찾아뵈었다. 어르신은 초가삼간에 별채로 된 자그마한 초가집 사랑채에 계셨다. 말이 사랑방이지 몸집이 크신 교수님은 허리를 잔뜩 구부리고도 들어서기가 쉽지 않은 골방이었다. 당시 우리나라에서, 파란색 눈동자와 금발 혹은 은발의 서양 사람은 무조건 미국 사람이었다. 교수님은 졸지에 미국 사람이 되어 어르신과 인사를 나누셨다. 어르신께서는 종가와 동네를 둘러보고 우리의 전통문화를 소개하고 만나고자 해서 찾아왔다는 방문 목적을 충분히 이해해 주셨다. 마을 분들의 배려로 화기애애한 분위기 속에서 동네를 한 차례 둘러본 후에 교수님과 나는 계류 건너 언덕 위 정자로 향했다.

산수정에서 마을과 뒷산 간산, 앞산 학산 그리고 조금 전 걸어 들어왔던 꼬불꼬불한 계곡의 석문 등을 바라보면서 《매산집》이야기며, 이러저러한 사소한 이야기를 나누었다. 내 논문에 대한 이야기도 있었다. 논문 작성이나 주제에 관한 그런 딱딱한 이야기가 아니라, 우리가 답사한 여러 곳의 사진, 특히 이곳 매곡을 포함해 훌륭한 역사와 전통의 향기가 담긴 슬

교수님은 어르신을 부축해 정자 아래 계류를 건네 드리는 게 인상적이었다고 하셨다.

라이드를 가지고 대형 스크린에 영상 시사회를 해도 좋지 않겠느냐는 말씀을 하셨다.

독일의 영화나 텔레비전 드라마는 재미 없기로 유명하다. 영화보다는 연극을 좋아하는 것 같고 텔레비전보다는 전시 관람을 즐기는 듯도 싶다. 1990년대까지만 해도 시내 곳곳에는 슬라이드 영상 시사회를 알리는 포스터가 나붙곤 했다. 극장 같은 대형 홀에서 열리는 여행 리포트 혹은 다큐멘터리의 유료 시사회는 어지간한 연극이나 음악회 못지않게 인기가 있었다. 교수님께서 (물론 유료 시사회를 말씀하신 건 아니지만) 대략 그런 슬라이드 시사회를 염두에 두고 하신 말씀이란 걸 직감한 나는 내심 흥분되었다. 워낙 어린 시절부터 만화나 애니메이션 그리고 영화나 영상 같은 것에 유난히 관심이 있었고 기회가 된다면 언제든 그런 분야로 뛰어들 마음의 준비가 되어 있던 터였으니 겉으로 표를 낼 수는 없지만 교수님 말씀에 고무되어 영상 시사회로 화려하게 데뷔한다는 그런 허황된 일에 대한 흥분만이 아니라, 교수님께 내 연구 주제를 인정받았다는 생각에서였을 게다.

마을에서 뵌 한 어르신께서 불편한 몸에도 불구하고 지팡이를 짚고 정자까지 찾아오셨다. 연구하는 데 혹 불편함은 없는가 하며 찾아주셨다가 지장을 주지 않으시려는 듯 곧바로 언덕을 내려가셨다. 개울 건너까지 어르신을 부축해 배웅을 하고 오니, 교수님은 어르신과 배웅해 드리는 내 모습이 참으로 보기 좋았다 하셨다. 특히 어르신을 부축해 정자 아래 계류를 건네 드리는 게 인상적이었다며, 사진을 찍어 놨는데 그 장면이 아주 잘 나올 것 같다고 흡족해 하셨다. 사모님으로부터 교수님의 슬라이드를 받았을 때 가장 먼저 떠오른 것도 교수님이 "참, 보기 좋았다"고 하셨던 그 사진이었다.

어르신께서 다녀가신 후, 교수님과 나는 정자 주변 배치도 만드는 작업을 했다. 평판 작업을 하듯 일정한 방향으로 목표점을 삼고 거기까지 발걸음으로 거리를 재고, 백지에 실측 기준선을 그은 위에 발걸음 수만큼 치수에 맞춰 점을 표시했다. 여러 차례 이런 직업을 반복하면, 정확한 실측

평판 측량 방식에 따라 일정한 목표 지점을 향해 걸음걸이로 거리를 재는 식으로 작업해
개략의 배치 현황도를 만들었다.

산수정에는 아주 소소하지만 작은 정원이 꾸며져 있던 게 아닌가 짐작해 본다.

자료에는 못 미치지만 개략의 배치 현황도로 삼는 데는 전혀 문제가 없을 좋은 배치도를 만들 수 있다. 교수님은 백지에 선과 치수를 기입하고 나는 일정한 목표지점을 향해 걸음걸이로 거리를 재는 식으로 작업이 이루어졌다. 그리고 교수님으로부터 스케치와 메모로 작성된 A4지 한 장의 야장野帳을 넘겨받았다.

우리나라의 전통정원을 이야기할 때면 흔히 시적인 경관을 이야기하곤 한다. 실물로 볼 수 있는 정원은 고택의 사랑채 마당이나 경치 좋은 곳의 별서에 조성한 전통정원들이 대부분이다. 여기에 가칭 '정자정원'이란 걸 더할 수 있다. 정자의 입지와 정자 주변의 경관에 대한 연구들은 여럿 있어 왔지만, 정자 주변에 어떤 형태의 정원이 조성되었는지 일러 준 경우는 거의 없었다.《매산집》의 글과 정자 주변의 현황을 고려하면 산수정에는 아주 소소하지만 작은 정원이 꾸며져 있던 게 아닌가 짐작해 본다. 이처럼 정자 주변에 어떤 형식으로든 정원을 일군 예가 적지 않으리라는 생각은 하고 있지만 이는 앞으로 계속 다른 사례들을 통해 유심히 살피고 공론화해 볼 만한 가치가 있는 부분이다. 최근 들어 그렇게 정자정원을 문헌적으로 찾아내어 연구한 논문이 하나씩 나오고 있어 참 반갑다.

잠시 산수정 뒤 암벽 위로 산을 좀 올라가 봤으면 하셨다. 그냥 잡목 우거진 야산일 뿐인데 왜 그러실까 했지만 두말 않고 앞장섰다. 나무하러 다니던 발길이 만든 희미한 흔적이 있었다. 잠시 오르다가 뒤돌아보면서 그제야 교수님께서 원하신 게 뭔지 알아차릴 수 있었다. 산수정이 마을을 바라보며 앉아 있는 모습이 그림처럼 다가왔다.

예전에 누군가가 허공을 배경으로 한 기념사진을 가지고는 파리 에펠탑에서 찍은 기념사진이라고 우기던 이야기가 생각난다. '장소를 이룬 곳의 사진, '장소'는 정자나 여타의 특정한 시점장일 경우가 많은데, 대개의 경우 거기서 조망되는 전경을 사진으로 담아 온다. 그리고는 그 장소에 대해 이야기한다. 장소를 사진으로 설명하는 경우는 대개가 강의실이나 강연장에서 일이다. 해당 장소를 가 보지 않아 잘 모르는 사람들을 상대로 장소의

교수님 사진에서 찾아낸 내가 꼽는 최고 장소는 매곡 산수정 지붕과 그 너머로 멀리
매곡마을 전경이 펼쳐지는 드라마틱한 조망이 있는 장면이다.

그림 없이 거기서 조망되는 대상만 가지고 이야기하는 꼴이 된다. 정작 중요한 것은 장소인데.

교수님이 원하신 그림은 그 장소, 산수정의 모습이었다. 산수정 뒷산에서 담은 한 장의 전경사진에는 멀리 매화에 날아드는 학의 그림을 바라보는 산수정을 모두 담아 놓을 수 있었다. 장소를 이야기하되 장소마저 포함한 조망 경관을 담은 사진, 매곡에서 이야기하고 싶었던 이미지이자 매산이 그렸던 이상화된 경관의 그림도 그런 것이었을 것 같다.

순수 一자형 고택

20여 호에 불과한 작은 마을이었지만 매곡에는 종가와 정자 산수정 외에도 옛날의 의젓한 모습을 유지하고 있는 고가가 하나 더 있었다.

종가 담 너머로 똑바로 보이는 곳에 한눈에 오랜 세월이 묻어 있는 고풍스러운 기와를 인 일자로 길게 뻗은 지붕이 보였다. 전통 가옥은 이론상 一자형, ㄷ자형, ㅁ자형으로 구분되지만 조선시대의 상류주택으로서 제대로 온전히 一자형을 유지한 건축을 만나기는 쉽지 않은데, 이 댁은 보기 드물게 일체의 부속 채를 덧달지 않은 순수 一자형을 유지하고 있었다. 교수님을 모시고 그 댁을 찾아가 보기로 했다.

보통은 기둥에 목재 주련을 달지만, 이 댁은 기둥과 문틀 위에 잘 쓴 서체의 한지로 된 주련을 붙여 놓았다. 물론 그것을 일일이 교수님께 번역해 드려야 했다. 주련에 걸린 글은 산문의 에세이가 아니라 한 줄 한 문장에 압축된 한 수의 시가 아닌가. 여러 수의 시를 옮겨 설명하느라 혼이 났다. 마당에는 소가 여물을 먹고 있고, 아궁이 중 하나에는 소 죽 끓이는 가마솥이 걸려 있었다. 주인 내외가 반갑게 맞아 주셨다. 바깥주인은 한복으로 차려 입었고, 안주인도 평상 차림으로 보이지 않았다.

종가나 정자는 워낙 문화재로 지정되어 있어 별 탈 없이 보수 관리되고 있지만, 그 댁은 여전하실지 … 매곡을 둘러 본 마지막 발걸음에서 그 댁이 어디였더라, 기억을 더듬어 한 번 찾아본다. 녹슨 철문은 비닐 끈으로

철문은 비닐 끈으로 간단히 묶여 잠겨 있고 철문 너머로 보이는 마당에는 누렇게 마른 잡초가
무성하다. 소 죽 쑤던 가마솥, 여물 먹던 소, 집과 가마솥. 그리고 마당의 나무는 여전히 거기
자리를 지키고 있었다. 꽤 오래 비어 있었던 듯한데, 변한 듯 그리 변하지 않고 그대로인가
싶은데 자세히 보면 조금씩 달라진 부분이 눈에 띈다. 오른쪽이 현재 모습이다.

조선시대 상류주택으로서 一자형을 원형에 가깝게 유지하고 있는 매우 인상적인 고가이다.

간단히 묶여 있고 뜰에는 누렇게 마른 잡초가 무성하다. 이웃해 있던 집도 헐려 빈 터가 되었거나 저장창고가 들어서 있다. 빈 집으로 있은지 한참 되어 보이는데, 주련의 글씨도 그대로 있고 벽에 있던 얼룩, 그리고 소 죽 가마솥 뚜껑도 솥 위에 덮여 있던 게 땅으로 내려와 앉아 있을 뿐 이 댁에는 그때 그대로 시간이 정지되어 있다. 20여 년의 세월이 지난 지금, 교수님의 사진에 담긴 모습과 지금의 그 모습이 비견되어 여러 가지 감흥이 일어난다. 옛 흔적이 거의 그대로인 것이 오히려 신기하다.

하회

강 건너 부용대에는 정사와 정자들이 있다. 교수님과 나는 넓은 강변 둑에서 막연히 강 건너편의 거뭇한 절벽 부용대를 바라보고 있었다. 물가에 작은 보트가 하나 묶여 있긴 한데, 사공은 보이지 않았다. 겨울에는 운행을 하지 않는 거였다. 수소문해 나룻배 주인을 찾아 양해를 구했다. 외국인 손님을 저 너머로 건네 드릴 수 없는지. 사공은 두말 않고 "그럽시다"며 수고를 아끼지 않았다. 돌아나올 때 혹시 자기가 기다리지 않고 되돌아가 있으면 그냥 큰소리로 부르라는 말도 잊지 않았다. 미국 사람처럼 생긴 교수님 덕에 나룻배를 타고 강 건너 부용대로 넘어가는 특혜를 누렸다.

지금 다시 하회를 찾아간다. 겨울이다. 외국인 손님을 동행하지 않고 나 혼자서도 나룻배를 움직이게 할 수 있을까? 나룻배에 관한 이런저런 경우의 수를 따져보지만 그게 모두 헛일이었다. 아예 나룻배 자체가 강가에 떠 있지를 않다.

배가 없는 겨울에는 부용대 쪽으로 가려면 승용차로 가야 한다. 안동에서 하회로 접어드는 길목 어디에서 갈림길을 만나, 우회전하면 강을 건너기 전의 강 건너 동네로 간다. 대중교통은 배차 간격이 너무 길고 버스 노선도 분명하지 않다. 안동 시외버스터미널 건너편 버스정류장에서 하회-병산서원 방면 버스를 기다리다가 옆에 있는 노인에게 하회 건너 동네로 가려면 어떻게 가는지 물었다. 동네 토박이인 것처럼 그러던 이 양반도 거기까지는 잘 꿰지 못한다. 공연히 이런저런 이야기로 에둘러간다. 여러 쓸모없는 답변 중 번뜩이는 정보를 슬쩍 흘려 준다. "요새는 다리가 놓여서 가기 쉽다"는 거다. 아니, 다리가 놓였다고?! 하회에서 건너가는 다리가 있다고?! 금시초문이기도 하지만 이게도 대체 무슨 소린가 했다. 노선버스가 다니는 도로에 놓인 다리 이야기다. 그 다리가 놓인 게 벌써 언제인데 ….

"하회와 여기(강 건너 부용대 일대의 동네)는 같은 줄기가 아니거든. 낙동강 이쪽이고 저쪽이거든."

낙동강 이쪽과 저쪽이란 그냥 강을 사이에 둔 이곳과 저곳을 가리키는 것만은 아니다. 지금은 영남지방을 경상남도와 경상북도로 나누지만 조선시대에는 낙동강을 기준으로 서울에서 봐서 낙동강 좌와 우의 지역을 경상좌도와 경상우도로 나누었는데, 실제 좌도와 우도는 역사적으로나 문화적으로 꽤 다른 특징을 가지고 있었다고들 한다. 그 영감님의 얘기는 그런 큰 경계를 넘나드는 다리가 놓였다는 긴 사연의 압축인 것이다.

지형도를 보면 이 사람의 말이 뭔지 분명해진다. 그래서 그 동네로 넘어가는 다리는 그냥 다리가 아니라 안동 아닌 곳을 안동과 하나의 땅이 되도록 맺어 주는 중요한 교량이 되는 것이니 그게 얼마나 중요한 본질적인 의미인가. 풍수에서도 그렇다. 땅의 기가 흐르다가 물을 만나면 물을 건너지 못하고 멈춘다. 부용대와 그곳의 두 정사는 그냥 하회마을 건너편, 강 건너 언덕에 있는 정자가 아닌 안동 저 너머 다른 동네 소재가 되는 것이다.

전통 마을

하회는 예천과 안동을 잇는 국도에서 한쪽으로 빠져나가, 넓은 들판을 한참 지나 있다. 군복무 때 시설장교로 첫 감독관 배치를 받은 곳은 예천비행장 공사 현장이었다. 하회로 접어드는 길은 예천과 안동 사이 길목 바로 거기 있었지만, 나는 하회라는 존재 자체를 모르고 있었다. 전통 마을이란 것도, 동족부락이란 것도 모르던 시절이었다. 군복무를 마치고 복학한 대학원에서 하회가 어떻고 동족마을이 어떻고 하는 이야기를 들었지만, 나는 그게 뭔지 모르고 있었다. 하회가 뭐냐고 묻는 나를 동기들은 무슨 외계인 보듯 했다. 그 유명한 전통 마을 하회도 모르고 동족마을도 모르는 문외한.

전통 마을에 관심을 가지게 된 것은 군 제대 후 대학원에 복학해 조경학을 접하면서부터였다.

하회는 전통 마을 중에서 규모 크고, 이름난 고택도 많다. 거미줄같이 엮인 골목길도 여러 갈래이고, 거기에 마을을 빙 둘러 있는 넓은 들과 사방의 산과 강까지 해서 하회는 짧은 시간에 한두 차례의 방문만으로는 충분히 둘러보거나 제대로 파악하기가 쉽지 않다. 하회를 한눈에 잡히도록 둘러보는 방법은 없을까? 곧장 마을을 들어섰다가 강 건너 부용대로 갈까? 아니면 부용대 언덕 위에서든 양쪽의 정자에서든 마을과 강과 산이 휘돌아가는 경관을 먼저 살펴보는 게 좋을까? 이번 답사 길에서는 그걸 점검해 보는 데에 주안점을 두기로 했다.

안동시내에서 병산서원까지 오가는 버스는 꽉 찬 상태에서 출발했다. 승객 거의 모두가 하회마을로 가는 젊은 대학생 내지 고등학생인데, 하회 입구 대형 주차장에 내려 준 텅 빈 버스는 병산서원 방향으로 달려간다. 언제부터 그랬는지 모르겠는데, 하회는 마을 밖 멀리서부터 외부 자동차 출입을 막고 있다. 마을 입구까지는 약 1킬로미터. 그 구간을 셔틀버스가 왕복 운행하며 마을로 들어가는 입장료를 받고 있다. 하회는 1980년대 이후로 향토색 짙은 마을의 본색을 잃게 되어 몹시 아쉬운 곳이지만 자동차 통행을 막는 조치를 취한 것은 잘한 일이다.

하회로 들어가려는 승객들은 매표소에서 입장권을 사 들고 검표 안내원들의 셔틀버스 탑승 안내에 따라 셔틀버스를 타려고 줄을 선다. 어느 누구도 1킬로미터의 거리를 걸어 들어가려 하지 않는다. 마을이 시야에 들어오지 않은 데다 고갯길을 하나 넘어가서도 한참을 더 들어가야 하니 이 1킬로미터란 거리를 걸어서 들어가도 될 건지, 걸을 만한 가치가 있는 건지 알 수 없을 것 같다. 더욱이 하회를 찾아온 목적이 뚜렷한데 공연히 입구에서부터 기운 뺄 이유가 없어 셔틀버스를 탈 수밖에 없을 것이다.

차도 옆에 숲길로 접어드는 작은 길이 하나 있는데, 강변을 따라 잘 닦아 놓은 숲길 산책로가 시작되는 곳이다. 왼쪽으로는 차도가 지나가고 있지만 한참 눈 아래로 내려가 있는데다가 숲이 우거져 있어서, 앙상한 가지만 남은 겨울 숲임에도 거의 눈에 띄지 않을 만큼 빽빽하게 차폐되어 있다. 오른쪽으로는 나뭇가지 사이로 강물이 비쳐 들고 멀리 부용대의 깎아지른 절벽의 실루엣이 단면도가 되어 원경을 이룬다. 양동을 찾아 드는 길, 한적한 시골 길에 철길을 옆에 두고 철길을 따라 나란히 걸어 드는 그 길이 고즈넉한 분위기라면, 하회의 이 길은 대단한 강변 경관을 만날 수 있는 구간이다. 어쩌면 하회의 마을 안에 들어가 고가들을 만나는 원래 목적을 능가하는 길일 것이다.

하회의 명성에는 마을 밖의 수려한 자연환경이 한몫한다. 하회를 감아도는 물길과 주위의 산, 부용대 절벽이 하회마을의 고택들과 어우러져 하회마을의 경관을 만든다. 이런 만남을 고려하지 않은 채 초입에서 셔틀버스로 마을까지 들어가는 것은 1%의 모자람이 있는 것이다.

교수님을 모시고 왔을 때는 이 고갯길을 넘어서 마을이 어느 정도 보이기 시작하는 즈음에 택시에서 내렸다. 마을 입구를 멀리 두고 둑 위를 올라 강변을 굽어보기도 하고 반대편 병산서원이 있는 화산방향으로 고개를 돌려서 야산 중턱에 멀리 올라 앉아 있는 산신당과 고갯길을 바라보기도 하면서 천천히 마을로 근접해 들어갔다. '멀리서 보기' 원칙에 따라, 하회 주변 경관과 마을을 멀리서부터 서서히 만나보기 위한 것이었다.

《택리지》가 꼽은 최고의 가거지

교수님을 모시고 처음 와 본 하회는 생각보다 먼 거리였다. 조용한 농촌 풍경, 아늑한 들판, 정겨운 언덕, 물결치는 야산. 택시 차창 밖으로 하회로 들어가는 길이 스쳐가고 있었다.

영남은 호남에 비해 산지가 많다. 호남 사람에게 '무·진·장'은 깊은 산골로 대표되는 무주·진안·장수를 이르는 말이라 하는데 내 눈에 비친 무·진·장은 영남의 평범한 산지 정도였다. 호남 출신 지관의 눈에는 사람 살 만한 땅이 없다 싶을 만큼 영남은 산의 고장이다. 특히 경북은 더 심하다. 마을도 산과 긴밀한 관계를 갖지 않을 수 없다. 그래서 그런지 마을마다 높은 산과 깊은 골짜기를 끼고 들어선 것 같다. 그렇지만 그런 가운데도 인근의 도시로부터 어느 마을을 목표로 해 찾아가는 길목에 주위를 잘 살피면 그런대로 넓은 들판이 깔려 있는 걸 볼 수 있다. 하회를 찾아 드는 길목에는 넓은 들판이 끝없이 펼쳐져 있고, 나지막한 언덕 가까이 근접해 나 있는 차도를 따라 온통 누런 기운이 감도는 황토 빛 흙이 인상 깊다. 그만큼 비옥하고 좋은 토질이란 걸 말해 주는 것이다. 그러고 보면 양동도, 마을은 골짜기를 끼고 언덕 위에 올라서 있지만, 마을 앞으로 눈 가릴 데 없이 끝없는 들이 펼쳐 있다. 경북지방에서는 드물게 보는 넓은 곡창지대, 안강평야다.

거의 주름이라고는 보이지 않던 넓은 들판을 지나 서서히 산골 깊은 곳으로 접어드는가 싶은 길목 어디쯤에서 굽이굽이 작은 고개를 몇 차례 지나고, 눈앞으로 높직한 산으로 둘러싸였지만 엄청 넓은 곳이 펼쳐진다. 하회를 찾는 첫걸음이라 하더라도 한눈에 하회인가보다 싶도록 범상치 않은 경관이다.

하회마을에는 고래등같은 기와집이 즐비하고, 강변의 질펀한 백사장을 비롯해 주변의 경치 또한 유명하다. 겸암 류운룡과 서애 류성룡 두 형제처럼 큰 인물들의 행적을 더듬을 수 있고 국내 최고의 마을로 꼽히기에 손색이 없다.

여기에 한 가지 더해 하회의 명성을 더욱 드높인다. 조선 후기 실학자 이중환의 《택리지》이다. 《택리지》는 "사대부로서 살 만한 땅이 어딘가"를 화두로 전국을 답사하며 겪은 것과 느낀 바를 모아 팔도의 지리, 지세, 풍습 등을 두루 개관하고, 〈복거총론卜居總論〉에서 사대부로서 살만한 곳, 가거지可居地를 꼽아 열거해 놓은 책이다. 우리의 고문헌 중에서도 특이하고 특별난 책으로 꼽힌다.

　택리지가 꼽은 팔도 최고의 가거지가 바로 안동 하회다. 안동과 하회를 묶어서 이야기한 건지, 하회를 단독으로 가리키는 건지 분명치 않지만, 《택리지》에서 다른 가거지들을 지칭한 방식으로 미루어 보자면 하회를 지칭한 거다. 하회를 최고의 가거지로 꼽은 이유를 굳이 밝히지는 않아 그 이유를 직접 밝혀 낼 수는 없지만, 《택리지》에서 가거지가 되기 위한 기준으로 삼은 바에 따라 "지리(地理), 생리(生利), 인심(人心), 산수(山水)"의 조건으로 판단해, 강과 들판과 인물과 경관 등의 각 항목에서 골고루 좋은 평점을 받은 결과일 것이 분명하다. 《택리지》는 때로는 풍수에 관한 책이라고 하여 풍수 이론에 입각해 마을과 경관을 두루 논한 지리서라고도 하는데, "가거지이기에 걸출한 인물들도 날 수 있다"는 풍수론과는 다른 개념이다.

　《택리지》가 최고의 가거지로 꼽은 명성이 근거 없는 주장이 아니라는 듯 하회에는 겸암의 양진당과 서애의 충효당 그리고 남촌댁, 북촌댁이라 부르는 종가와 파종가들의 유서 깊은 고가들은 물론이고, 일일이 꼽을 수 없을 정도로 많은 고가들이 있다. 삼국시대에서부터 유래되어 오는 원시적 형식을 유지하고 있던 초가집도 있었는데, 이번 답사에서는 그걸 결국 찾아내지 못했다. 설마 없애 버린 건 아니겠지. 하회 별신굿과 함께 하회탈이 잘 보존되어 있으며, 당산목과 당집도 보존되어 있어서 민속학적으로 보아서도 우리나라 최고의 전통 마을이란 타이틀만으로는 부족할지 모른다.

하회마을 입구

셔틀버스를 타지 않고 강변길을 따라 한참을 걸어 들어오면 마을길과 강변 뚝방 길이 예각으로 갈라지는 언저리에 닿는다. 마을회관이 있고, 하회의 조감도가 걸린 거대한 안내판도 있다. 안내판에는 친절하게도 번호순으로 순환하는 길과 짧은 탐방 구간이 표시되어 있다. 그것만으로도 모자란다고 생각해서일까, 그 앞에는 두 사람의 해설 자원봉사자가 어느 누구든 안내를 필요로 하는 방문객에게 기꺼이 성심껏 봉사하느라 목청 높여 핵심 요점을 짚어서 순서를 반복해 알려 주고 있다. 어느 집도 짚어 주고, 거기서 어디로 해서 무엇을 보고….

"아시겠어요? 이렇게 해서 저렇게 해야지 되지 않겠어요? 반드시 무엇은 보시고 어디로 해서 한 바퀴도세요…."

관람객에게 상당한 도움이 될 수도 있지만, 그건 중요한 참고자료일 뿐 하회를 제대로 만나기 위한 매뉴얼은 아니다. 왜 우리는 옛사람들의 살아온 흔적, 그리고 민속촌의 그것과는 달리 지금도 여전히 현대를 살아가는 삶의 터전이 되어 있는 이름난 이곳 마을을 찾아와서까지 교과서에 나올 법한 만점짜리 학습을 해야만 할까. 물론 짧은 시간에 많은 것을 효율적으로 찾아보자면 교과서 같은 안내와 탐방 경로 정도는 있을 수 있겠지만, 그걸 참고해 각자의 방식과 취향대로 다니면 안 되나? 그래서 설사 20~30% 밖에 못 봤다고 해서 뭐 잘못될 일이 있나.

하회 들목의 마을회관 솟을대문은 그 옆에 안내판과 안내원까지 두면서 여기가 하회마을의 입구임을 강하게 일러 준다. 그걸 두고 혹자는 고급 수준으로 '입구감'을 형성하고 있다고 이야기할지 모른다만, "하회는 대단한 의미를 가진 민속촌!"임을 강조하듯 입구를 지키고 선 형색일 뿐이다. 혹 하회가 민속촌이나 민속체험마을이란 이름의 테마파크라면 몰라도 여기서는 전혀 그렇지 않다.

환경 설계의 관점에서 입구를 나타내는 데는 여러 방식이 있다. 단단하게 문을 달아 놓고 들어올 수 있는 사람들에게 일일이 문을 열어 주는 방식에서부터 문주나 표석을 세워 두고 입구임을 표시해 두는 소극적인 방식, 전혀 그런 표지가 없지만 은연중에 어느 영역으로 들어가는 듯한 느낌이 들게 하는 것. 이런 느낌을 뭉뚱그려 '입구감入口感'이라 부른다. 사람들의 행위는 주어진 환경에 따른다는 이론적 배경아래 환경심리, 환경행태 등으로 불리는 전문분야의 일이다. 환경과 관계된 인지 표현과 또는 심리와 행동, 이런 걸 심리적인 요인과 결부시켜 공간을 계획하고 설계하는데 최근에는 환경디자인이란 이름으로 색채와 형태 쪽을 과하게 강조하는 경향이 있어서 본래의 의미가 많이 희석되었다. 큰 힘 들이지 않고 뭔가 새로 한 것처럼 티를 내기에 좋은 방법을 찾아가는 안이함 때문일 수도 있다.

그럼 어떻게 해야 할까? 회관을 옮기거나 숏을대문을 허는 방법이 있다. 애써 만들어 놓은 것, 게다가 30년 세월이 지나 이제 마을의 일부처럼 된 건조물을 굳이 헐 것까지 있나 싶으면, 마을 안내판을 좀 더 멀찍이 마을 밖으로 한 20미터 정도 떨어뜨려 놓고 안내원을 배치시키지 말며, 특히 마을회관을 돌아들어 마을 안길로 접어드는 쪽의 산울타리에 해 놓은 담장을 치우는 정도의 손질만으로도 훨씬 나아질 수 있다. 산울타리란 담장을 하는 대신 수목식재로 울타리를 삼는 것이라 친환경적이고 좋은 일이지만 하회의 입구감을 주는 다른 인위적인 요소에 더해지다 보면 한결 민속촌 같은 느낌을 주기 때문이다.

마을회관 산울타리를 끼고 돌아서면 마을 안 길이라 여기기에는 매우 넓은 대로가 죽 이어진다. 하회가 얼마나 큰 마을이며 왜 우리나라를 대표하는 전통 마을로 꼽히는지 이 길목에서만 봐도 알 만하다. 방문객들은 마을회관에서 시작해 하회종가 겸암댁에 이르는 중심대로를 따라, 한눈팔지 않고 곧장 나아간다. 사는 사람 입장은 생각지도 않고 민속촌의 이 집 저 집을 둘러보듯, 팔려고 내놓은 집 구경하듯, 그냥 집 구경을 나선다. 전통 마을은 그렇게 치 달려가서 만날 수 있는 게 아니다. 거기서 태어나 성장했던 이름난 인물이 이루어 낸 학문과 철학을 포함해 이 마을에서 살아오며 갖추어 온 내력을 더듬어 봐야 생생한 마을의 경관을 만날 수 있다.

하회의 마을 구조

하회 류씨는 겸암과 서애 대에서 확실하게 대가를 이루었고 이후 크게 번창해 나간다. 마을 안에서 분가되어 가는 모습을 살펴보면 마을이 전개되어 가는 과정이 한눈에 들어온다. 특히 하회처럼 큰 동네에서는 분가의 경우 수가 많아서 살피기에 유리한데, 그 작업을 하던 중 재미있는 현상을 만났다. 전통적으로 이루어진 분가의 패턴인데, 다른 마을에 적용해 대략 일반화된 공식 같은 걸 만들 수 있을 것 같다. 물론 딱 정해진 방법은 아니겠지만, 이런 규칙 같은 게 보인다.

세 아들이 있다면 관례에 따라 장남은 집을 물려받고, 둘째와 셋째는 결혼한 후 분가를 한다. 재미있게도 둘째는 집으로부터 조금 멀리, 셋째는 집 가까이에 분가하는 경향을 보인다. 셋째가 본가 가까이에 분가하면서 몇 대가 내려가는 동안 본가 주변은 자연히 큰 집단을 이루게 되고, 둘째는 본가로부터 멀리 떨어진 곳에서 새로운 터를 이루어 대를 이어 또 다른 가까운 곳과 먼 곳으로 분가를 이루며 전개되어 가는 양상을 보인다. 하회에서는 그런 내력이 특히 잘 나타난다.

하회는 당산목-부용대-만송정-사방의 산-휘도는 강 등의 자연과, 양진당과 충효당을 비롯한 많은 고택이 마을을 이룬다. 양동이 우리나라 전통 마을의 전형이 아닌 것처럼 하회도 규모에 있어서나 입지에 있어서 일반적인 전통 마을과는 상당히 다르다. 우리나라에서 전통적으로 있어 온 일반적인 마을 입지의 특징을 이야기할 때, 뒤에 산을 두고 앞에 들과 강을 두는 배산임수背山臨水의 방식을 든다. 그런데 하회는 뒷산으로부터 앞들과 강으로 흘러내리는 경사면을 따라 일정한 규모의 마을이 들어선 그런 전형적인 배산임수가 아니다. 대부분의 마을에서처럼 종가가 마을 맨 뒤쪽 높은 곳에 자리해 앞들과 강을 마주해 반듯하게 앉아 있는 모습도 아니고, 양동처럼 동네 건너 어느 언덕기슭에 자리한 정자 같은 곳에서 굽어본다고 동네 전체 구조를 한눈에 파악할 수 있는 곳도 아니다.

강이 크게 휘돌아가면서 세 방향으로 마을을 감싸고 있다. 나머지 한쪽 방향으로 멀리 큰 산으로부터 땅이 흘러내린다. 그 방향의 큰 산은 분명 하회의 주산이자 배산이다. 주산을 배산으로 하고 마을은 강을 끼고 앉아 있으므로 분명 배산임수형의 마을 입지를 이야기할 수 있지만, 종가를 비롯한 마을의 가옥들이 앉은 모양새로 보면 그렇지 않다. 마을의 집들이 거의 주산 혹은 그 일대를 지향해 남서에서 남동으로 향을 잡는다. 마을 규모로 봐서나 랜드마크가 될 만한 고가 역시 여럿, 여기저기 흩어져 있어서 이 집 저 집을 둘러보고 강변을 걸어 돌아오는 것으로는 양동이 그랬던 것처럼, 양진당이나 충효당과 같은 개개의 대상은 기억에 남는 데 서로 어떻게 연계되어 마을을 이루고 있는지 감을 잡기 어려울 뿐 아니라 무척 복잡해 보일 수 있다.

마을 배치도를 펴 놓고 잠시 들여다보면 가장 중요하게 보이는 곳이 눈에 띌 텐데, 양진당과 충효당이다. 큰 종가와 작은 종가이니 당연히 눈에 띌 것이고 실제로 답사하는 길목에서도 가장 먼저 그곳으로 발걸음이 가게 되어 있다.

양진당의 사랑채 앞마당은 우루루 몰려온 관람객들로 가득했다가 이내 텅 비는 일이 반복된다. 셔틀버스가 도착하는 시간 주기와 맞아떨어지는 것 같다. 양진당을 본 방문객들은 거의 동시에 바로 맞은편에 자리한 충효당으로 몰려간다. 두 고택은 저절로 하회 관람의 총집산지가 되어 있다. 이후, 방문객들 일부는 다른 고가들을 찾아서 여기저기 흩어지고 다른 일부는 충효당에서 나온 발걸음을 그대로 직진으로 옮겨 강변으로 나아간다. 강변을 따라 잠시 둘러가 만송정이라 불리는 송림을 지나 거기서 부용대와 백사장이 펼쳐지는 강변의 아름다운 경관에 취해 가거나 곧장 강둑길을 따라 나아가 들어왔던 마을회관이 있는 마을 입구 언저리로 돌아 나오게 되는 자연스러운 순환 투어가 이루어진다.

굳이 관광 안내나 문화재 해설처럼 가이드하고 싶은 마음은 없지만 하회라면 최소한 마을의 입지와 골격을 염두에 두고 방문하면 크게 도움이 될 수 있을 것이라는 조언정도는 할 수 있겠다. 하회의 마을 구조와 마을과 주변 자연과의 관계를 동시에 고려한다면 양진당에 가기 바로 전, 오른쪽으로 난 작은 골목을 따라 들어갔다 올 것을 추천한다. 골목 끝에는 거대한 고목이 한 그루 자리하고 있는데, 삼신당이라 부르는 곳이다. 삼신당의 고목은 하회의 당산목이다. 예전에는 둘레에 담이 거의 둘러 있지 않아 지금보다는 많이 열린 공간이었다. 지금도 당산목 둘레의 공지가 그리 협소하지는 않지만 워낙 나무 덩치가 크다 보니 상당히 답답해 보일 정도로 꽉 찬 폐쇄공간이 되었다. 이곳을 찾는 사람들이 적지 않다. 한참 머물러 있어 보니 삼신당의 당산목을 마주하는 사람들은 크게 세 가지로 반응한다.

"와, 무서워. 정말 무서워."

"오, 정말 이건 신이네. 완전 신이야!!!"

어린 여자 아이들은 전자에 속하고 중년 이상의 남자들은 후자에 속한다. 그 외 대부분, 제 삼의 그룹은 이 장관을 카메라에 담느라 말없는 부류다. 머무는 시간은 마을 안 다른 곳들에 비해 상당히 긴 편이다.

하회를 찾아온 많은 사람들이 여기를 찾아오는 건 맞는데, 기왕이면 순서를 조금 앞당겨 봤으면 하는 거다. 여기는 마을의 가장 중심부이자 높은 곳이다. 양진당과 충효당도 이곳을 의지하듯 그 주변을 차지하며 들어서 있다. 여기를 먼저 들렀다가 이어서 양진당과 충효당 등 하회의 종가 댁을 보고, 여력이 있다면 그 외 고택과 초가를 둘러보며 마을 안을 둘러보거나 강변으로 나아가 강변을 따라 돌아나가면 된다. 이것이 하회의 독특한 마을 구조를 제대로 이해할 수 있는 적절한 탐방 경로가 된다.

당산목과 독일의 탄츠린데

당산목을 먼저 만나는 것이 마을 구조를 이해할 수 있는 실마리가 되는 이유는 당산목이 있는 곳이 하회마을의 공간 중 가장 높은 지점이자 당산목을 중심으로 마을 각 집들이 분포된 것으로 보이기 때문이다. 전체적으로 거의 평지를 이루는 하회마을의 지형은 이곳을 정점으로 해 사방으로 완만하게 경사져 내린다. 당산목을 중심으로 그 언저리에 큰 종가 겸암댁과 작은 종가 충효당이 자리하고 여타의 다른 파 종가나 가옥들이 각각 분가해 북쪽과 동쪽방향으로 약간씩 멀리 나가면서 마을이 전개되었다. 이런 형성 과정에 따라 마을은 일정한 체계를 가지게 되며 마을길의 동선 역시 이 체계에 따라 형성되어 있다. 교수님과는 여기서 지형과 마을 구조와의 관계로 나타나는 특이한 취락 형태, 원형마을에 관해 여러 이야기를 나누었다.

"겸암, 서애, 그리고 남촌, 북촌 등 종가와 파 종가, 그리고 그 후대에 분가된 단계에서 형성된 다른 중심과 그로부터 분가된 후손의 분가된 가옥들 간의 질서가 나름대로 있긴 합니다."

"룬틀링Rundling이라 부르는 독일의 독특한 마을 형식으로 둥근 원형을 이룬 환촌, 원형마을을 접해 본 적이 있겠지?"

"예, 중앙에 공용 광장을 두고 그 둘레를 둥글게 둘러선 북부독일의 원형마을을 말씀이신지요?"

"그래, 그런 원형마을도 있고, 그것과는 꽤 비교가 되는 다른 모습의 원형마을이 있네. 중앙에 광장을 둔 게 아니라 교회가 들어서 있는."

"예, 본 적 있습니다. 네덜란드에 가까운 북해 해안지역에서 나타나는 마을로 압니다."

"그래, 그 원형마을은 거의 완전한 평지에 가까운 북부독일의 평원에서 약간 높이 돌출된 구릉을 중심으로 형성되어 있다네. 중앙의 가장 높은 곳에 교회를 세웠고 그 바깥으로 수공업을 생업으로 하는 가옥들이 둘러서고 그 바깥으로, 가장 외곽의 둘레에 농사를 짓는 농가들이 빙 둘러서 형성되어 있지. 혹 바다가 범람해 서서히 물이 차오르더라도 가장 높은 지대의 교회를 최후의 보루로 삼아 물이 빠지기를 희망해 보는 방식이었는데, 교회는 종교적으로나 마을 공간의 전개 과정에서나 항상 중심 역할을 했네. 물론 경우는 서로 다르지만, 지형과 마을 전개의 중심 그리고 중심을 위시해 높고 낮음 그리고 가까움과 멀어짐의 마을 전개 과정에서 비롯되는 질서 체계 같은 상관관계에서 하회를 독일의 원형마을에 비견해 볼 수 있어서 흥미롭네."

"그리 보면 하회에서는 당산목이 마을의 최상위 지점에서 공간 구조상의 중심을 이루고 있는 것으로 보신다는 말씀이시신지요? 저도 교수님 말씀을 듣고 보니 하회는 북해지역 원형마을의 공간 구조와 참 흡사한 관계를 보인다는 생각을 하게 됩니다."

"내가 보고 느낀 것이 대략 그런 건데, 만약 실제와 크게 다르지 않

하회마을의 공간 중 가장 높은 지점에 자리한 당산목을 중심으로 마을 각 집들이 분포되어 있다.

다면 내 생각에 하회마을은, 그 이름이 또한 물이 휘돌아간다는 뜻이라고 했던가? 그래서 이 마을은 산과 물이 서로 드라마틱하게 어우러진 곳에 들어섬으로써 마을 역시 이들 산과 물과 서로 하나로 어우러져 가는 거라고 보네."

"이곳 하회의 지형 국면을 두고 사람들은 산태극, 물태극이라 부르기도 한다고 말씀 드렸습니다. 태극이란 자체가, 물론 상징적으로 표현한 것입니다만 결코 고요한 결정체가 아니라 음과 양이 서로 휘돌아가며 소용돌이 치고 또한 보기에 따라서는 혼돈의 와중이라 여겨지는 형상이라고 저 혼자 그렇게 여기고 있습니다. 하회는 그 점에서 산과 물이 다른 일반적인 마을이나 정주공간에서 배산임수 하는 것처럼 단정하게 뒤를 받쳐 주고 앞을 틔워 주는 그런 관계가 아닌 듯합니다."

"그래, 잘 보았네. 나 역시 조심스럽게 그런 특수한 상황을 눈여겨보았네. 마을 경관이란 산과 물, 즉 둘레의 자연과 인간이 서로 어떻게 어우러져 살아왔나 하는 역학 관계가 드러나 보이는 것이라고 생각하네. 그래서 이곳 하회마을의 마을 구조와 형성 및 성장 전개되어 온 체계는 양동이나 매곡과는 많이 달라 보이네. 일례로 하회의 가장 큰집이라 했던 겸암댁에서 사랑채 문틀 안으로 산봉우리가 소담하게 담겨 오지 않았나. 매곡의 종가에서 앞쪽 사랑채 지붕 용마루와 안채 마루 지붕 아래 처마 사이로 앞산 학산이 들어 오도록 되어 있어 마치 새가 보금자리 '간소'로 날아들 듯이 은유한 것처럼."

"모르긴 해도 하회에서는 다른 여러 집에서도 비슷한 일이 있거나 혹은 거기 사는 사람들 마음속에 각자 나름대로 간직해 놓은 집집마다 지향하는 산봉우리 같은 게 있을 것 같다는 생각이 듭니다."

"그럴 걸세. 앞으로도 그런 것들을 눈여겨보면서 연구해 봐도 좋을 걸세. 그리고 당산목을 보면서 떠오른 건데, 혹 독일의 탄츠린데Tanzlinde를 알고 있나?"

"아직 들어 보지 못했습니다."

"이름 그대로 '춤추는 보리수나무'라는 해석이 가능할 텐데, 독일 곳곳에 아직도 그런 나무가 있네. 나무가 춤을 춘다는 뜻이 아니라 예전부터 사람들은 나무에 데크를 만들어 올려 두고 아래에서 사다리를 타고 올라가 거기서 춤을 추곤 했네. 말하자면 나무 아래 그늘에서 춤을 춘 것이 아니라, 나무 안에 들어가서 혹은 나무의 품속에서 춤을 춘 셈인데, 그런 장치를 해 둔 나무가 모두 보리수였네. 그 보리수를 탄츠린데라고 일컫네. 오래 전부터 전해 오던 일종의 당산목 기능의 나무일 수 있는데, 민속적 특수성으로 동아시아 혹은 한국의 당산목을 기리는 모습이나 제사를 지내는 풍습과 형식은 다르지만 거의 같은 중요한 마을 중심으로 구심점 역할을 한 것으로 보자면 일맥상통할 거라고 보네."

우리에게 느티나무가 가장 사랑 받는 향토수종이듯, 독일에서는 보리수가 그렇다. 실은 독일 보리수나무의 원래 명칭은 유럽피나무라고 한다. 왜 어떤 연유로 보리수가 되었는지는 모르나 유럽피나무는 보리수로 통칭되어 왔다. 독일에는 보리수나무에 데크를 걸쳐 놓고는 동네 사람들이 거기 올라가 춤을 추었던 민속이 있는데, 그런 보리수나무를 탄츠(춤)린데(보리수)라 부른다. 춤Tanz 추는 보리수Linde, 탄츠린데Tanzlinde는 매우 오래된 풍습이며 마을 공동체의 재판이나 축제와 같은 공동의 행사가 열리는 중요한 장소에 있었다. 기본적인 민속 문화의 양식이 달라 세부 내용이나 형태는 다를지 모르나 결국 그 뿌리는 당산목이나 정자목과 비슷한 마을 나무다.

교수님은 우리의 국가 대표급 마을에서 개인적으로 어떤 깊은 인상을 받으셨던 것 같다. 여행을 하는 동안 불국사 석가탑 앞에서 다른 사람에게 부탁해 나와 함께 찍은 사진이 한 장, 간간이 나를 찍은 사진이 몇 장, 그리고 내게 부탁해 독 사진으로 찍은 게 딱 한 장 있는데, 하회마을 한가운데 서 있는 당산목 앞에서였다. 마을 한가운데 넉넉하게 자리 잡은 거대한 당산목, 그 둥치와 가지에 큰 감명을 받았을 것은 물론이지만 무엇보다 이 거목 뿌리의 힘찬 근육질에서 말문이 막히셨던 것일까.

하회는 평지에 들어선 마을이고 강이 휘돌아가며 세 방향을 감싸고

도는 가운데 전체적으로 평탄한 대지에서 당산목 일대가 가장 높다. 풍수에서는 이런 모습을 연화부수蓮花浮水, 즉 물에 떠 있는 연꽃에 비유하고 있지만 풍수에서 이야기하는 형국의 패턴과 무관하게 내가 보기엔 꼭 솥뚜껑을 엎어 놓은 모습 같다. 정확하게는 손등을 위로 해 바닥에 내려놓은 손과도 같다. 하회의 지형지세는 손목을 타고 뒤에 병풍처럼 둘러선 병산까지 이어진다.

당산목 – 고택 – 만송정 – 부용대

교수님 사진에는 하회의 들판을 촬영한 게 여럿 있는데, 그냥 얼핏 보면 서로 어떤 연관성이 있어 보이지는 않지만 잘 들여다보면 모두 산의 파노라마를 바라보는 일련의 장면들임을 알 수 있다. 실제로 주변 환경과의 관계에서 바라보면 하회는 전면의 전경과 후면 배경의 구분이 확실하지 않다. 구분이 확실하지 않다는 것은 둘레의 자연 요소들이 모두 비슷하며 쟁쟁하다는 이야기이다. 모두가 쟁쟁하다는 것은 대단한 수준임을 말하기도 하지만 동시에 그중 어느 것을 으뜸으로 삼아야 할지 고민스러워질 수 있다는 말이기도 하다. 하회의 마을 배치 현황으로 보면 마을 한가운데가 약간 높지만 거의 눈에 띄지 않을 정도이며, 그곳을 중심으로 둘러 서 있다. 고택들은 남향 또는 남동–남서 방향의 향을 가지고 높은 산 준봉들을 바라보고 있지만 휘도는 강과 정자는 그 뒤편에 놓여 있다.

　　겸암댁, 즉 하회의 가장 큰집 종가에는 수많은 여행객들이 몰려왔다가 한참을 둘러보고 간다. 정확히 이야기하자면 둘러본다기보다는 한참을 사랑채를 바라보며 삼삼오오 나름대로 귓속말로 주고받거나 기념 촬영을 하고 나간다. "외암고택"이란 편액이 걸린 사랑채를 바라보며 안내하고 토론하는 방문객. 방문객들은 온통 사랑채의 건축을 보는 데 눈이 팔려 있다. 돌아서서 나가는 발걸음 중 잠시만이라도 여유를 가진다면 활짝 열어 둔 문 사이로 참 묘한 모양의 산봉우리가 하나 들어오는 그런 광경을 만날 수 있을 것이다. 활짝 열어 둔 문 사이로 참 묘한 모양의 산봉우리가 하나 들

겸암댁의 활짝 열어 둔 솟을대문 사이로 참 묘한 모양의 산봉우리가 들어온다.

하회마을 사진에는 유독 들판을 촬영한 사진이 여럿 있다. 여러 각도로, 다양한 시각으로
집과 마을과 산과 상관해 있는 모습을 담아 놓은 것 같다.

어온다. 건축 공간과 자연 경관이 이룬 우연한 조화일까, 저 산을 이곳 사랑으로 끌어온 의도적인 결과일까? 솟을대문으로 뾰족한 산이 들어와 있는 것을 만나는 시각, 이런 것은 객이 아닌 주인의 입장에서 만나는 조망 경관의 전형적인 예가 될 수 있다.

"저 산에도 이름이 있겠지?"

종가를 비롯해 마을의 각 집들은 멀리로 보이는 정상, 화산에서 흘러내리는 방향으로 향을 잡거나 들어서 있다. 당산목이 마을의 맨 위쪽 높은 곳에 자리하고 있지만, 워낙 경사가 없는 평탄지에 완만하게 펼쳐져 있다 보니 그게 눈에 잘 띄지 않는다.

고택이 즐비한 마을 안을 벗어나 강변을 따라 돌면 만송정과 정자 그리고 강변 백사장과 부용대가 보이는 구역에 들어서는데, 그쪽은 마을과는 반대되는 곳이다. 따라서 하회는 당산목을 기점으로 사방을 삥 둘러 들어 서 있는 형상이 되며, 답사 중에도 그걸 항상 염두에 두고 있을 필요가 있다. 평소 무슨 팁이나 꼭 봐야 할 곳 등 모범답안 같은 걸 내세우는 건 좋지 않다고 보는 편이지만, 하회의 답사에서 당산목을 먼저 들러보 도록 지침을 내놓는 이유가 있다면 바로 이런 것 때문이다. 당산목-고택-만송정-부용대, 이런 순으로 돌아보면 비로소 하회가 한눈에 들어온다.

경관은 일반적으로 일상에서 쓰이는 보통명사지만, 조경학에서 특히 관심을 두는 대상이자 개념이다. 이것이 전문 용어가 되면, 조망되는 대상으로의 풍경에 인간의 행위가 가미되어 의미를 부여하는 것까지를 포함하거나 그런 행위의 결과물로 보는 다소 복잡하고 복합적인 내용을 가진 대상이 된다. 건축을 둘러싸고 있는 입지·조망·인간, 이런 요소를 포함해 경관景觀을 차용하고 이용한 조영造營 행위를 우리는 조경造景이라 한다. 전통 마을의 경관에는 다양한 의미부여 행위가 결부되어 있다. 관련된 인물에 대해 잘 알지 못하더라도 경관으로부터 그런 내적인 관계나 의미 그리고 이야기를 읽어낼 경우가 드물지 않게 발생한다. 그런 대표적인 예를 하회에서 만난다.

부용대의 깎아지른 절벽 길

강 건너 부용대 절벽을 사이에 두고 양쪽 끝에 겸암과 서애의 정자가 서 있다. 교수님은 부용대에 표현된 겸암과 서애의 형제애를 이야기하셨다. 두 인물에 대해서 아는 바가 없으셨으니 전적으로 개인적인 감상이겠지만, 형제간의 우애를 드러낸 건축과 거기 입지를 정하고 정자로부터 조망을 고려한 건축 행위, 즉 조경, 그리고 그 사이에 깊이 자리한 두 인물의 인간미를 읽으신 것이다. 서애의 정자로부터 겸암의 정자로 건너가는 부용대의 깎아지른 절벽 길을 후들거리는 다리를 가누면서 오가고 보면 두 정자가 일러주는 경관적인 의미를 더욱 실감하게 된다. 겸암과 서애의 형제애를 논의하지 않고 그 경관 의미를 이야기할 수 없을 것 같다.

"쉽지 않은 길이군. 실제로 여기로 사람들이 빈번히 오갔을 것 같지는 않지만, 어쩌면 옛날 사람들에게 이 정도 길은 별문제 없었을 수도 있겠지."

"저는 솔직히 좀 무서웠습니다. 카메라가 바위에 부딪칠까 봐 조심스럽기도 했고요."

"이 암벽 좌우에 놓인 정자가 형과 아우의 정자라 했지? 난 저 길을 건너오면서 낭떠러지에 붙어 있는 이 자그마한 길은 그 둘을 내면적으로 잇고 항상 내왕하는 두 사람의 마음을 나타내 준다는 걸 떠올려 보았네."

잔도棧道란 원래 새들이 지나다닌 작은 흔적이란 뜻에서 비롯되어 험한 벼랑 같은 곳에 선반처럼 매달아 놓은 길, 혹은 절벽의 아슬아슬한 작은 길을 말한다. 부용대 절벽 중턱을 가로지르며 아슬아슬하게 나 있는 절벽 길, 잔도는 좌우에 놓인 겸암과 서애, 두 분의 정자를 잇는 경관 소재가 되었다.

겸암정사를 나와 뒷담 쪽으로 돌아나가 보면 정자를 포함해 강 건너 펼쳐진 마을과 솔밭 그리고 웅장하게 펼쳐진 준령이 만든 전경과, 동구에서 강변 길을 따라 들어오던 멀리 숲길까지도 한눈에 들어온다. 정자 울타리 뒤에서 바라보는 조망, 그런 조망을 가능하게 해 주는 장소, 정자의 마당

부용대 절벽 중턱을 가로지르며 아슬아슬하게 나 있는 절벽 길, 잔도는 좌우에 놓인 겸암과
서애, 두 분의 정자를 잇는 경관 소재가 되었다. 동구에서 강변길을 따라 들어오던 멀리
숲길까지도 한눈에 들어온다. 아래 사진 두 컷이 부용대 절벽에 있는 겸암정사이다.

하회의 큰 자랑거리의 하나인 강 건너의 부용대.

과 마루에서 조망할 수 있는 전경은 물론이고 마당과 정자를 포함한 모든 걸 다 담아 준다. 여러 다양한 시각으로 촬영된 사진 중 유독 하회의 큰 자랑거리의 하나인 강 건너의 부용대 사진이 단 한 장, 그것도 전체 전경이 아니라 반쪽만 걸쳐 들어있는 것 하나뿐이고, 그에 못지않게 이야기되어 오는 솔숲 만송정 사진은 없다.

만송정, 부용대의 차폐 장치

만송정과 부용대는 하회의 경치 중 빼어난 것으로 이야기되곤 한다. 만송정은 하회의 마을 숲이다. 부용대는 굉장한 암벽으로 휘어 도는 강물과 어우러져 절경을 이룬다. 그런데 교수님 사진에는 그런 명소인 부용대와 만송정이 어우러진 한 컷의 사진이 왜 없을까?

마을 가까이에 인공으로 조성된 숲이면 거의 방풍림일 가능성이 많다. 방풍림이라면 바람이 지나가는 길목을 막아 주어 마을에서 바라보는 바깥쪽으로 어디엔가 잘 감싸주듯 둘러 있는 벽을 이루어 마을에서 보기에도 다소 닫힌 구도를 보인다. 꼭 바람이 아니더라도 뭔가 시각적으로 강한 대상이 있어서 이를 가린다거나 하는 경우가 있는데, 때로는 숲이 아니라 나무 한두 그루 혹은 바위나 장승같은 걸 두는 것으로 대신하기도 한다. 조선시대에는 이런 역할을 하는 여러 행위가 있는데 이들을 묶어 비보 裨補라고 불렀다. 따지고 보면 방풍림도 일종의 비보 행위라 할 수 있지만 이 경우 바람막이와 동네의 위치나 방향 등을 따져보면 방풍이 목적인지 다른 어떤 기능을 위한 것인지를 명확히 알 수 있다. 그런데 하회의 만송정은 짙은 소나무 숲을 이루고 있어서 방풍림 역할을 하는 것으로 보일 수 있다. 좋은 숲 경관을 만들어 주는 명소이긴 하지만 마을을 위해 방풍을 해 줄 장소가 아니다. 훗날 만송정과 부용대가 마주 보이는 기슭 쪽으로 조금씩 민가가 확산되어 나오긴 했지만 원체 하회의 주거 공간은 당산목과 겸암댁으로부터 병산 방향으로, 즉 부용대의 반대 방향으로 펼쳐졌고 각 주거의 향 또한 부용대를 등진 방향으로 형성되어 왔다. 즉 만송정은 마을

겸암정사 뒷담 쪽으로 돌아나가 바라본 강 건너 펼쳐진 전경

방풍 기능의 비보림이 아닌 것이다.

근래에 들어 잘 원형 복원해 둔 빈연정사를 비롯해 그 언저리에서 앞을 바라보면 부용대는 결코 쾌적한 존재가 아니다. 결코 편안하게 조망할 수 있는 대상이 아니다. 그런데 부용대는 빈연정사나 그 일대의 강변을 거닐면서 보아도 어느 곳에서도 직접 눈에 들어오지 않는다. 만송정의 소나무 숲이 그걸 차폐해 주고 있기 때문이다. 철저한 차폐가 아니라 그물처럼 얼금얼금 가려 주고 있어 굽이치는 소나무 줄기와 줄기 사이로 얼핏 비쳐 오게 되어 있어서 눈으로 느끼기에 더없이 평온하다.

사진으로는 그런 그물 같은 스크린 효과가 나타나지 않는다. 결국 절경으로서 부용대가 아니라 강하고 거친 이미지의 부용대를 차폐하는 장치라는 점을 고려하면 만송정과 부용대가 어우러진 장면이 보이지 않는다는 점이 모두 설명된다. 부용대를 직접 대하지 않도록 차폐 목적으로 조림된 만송정과 부용대가 한 장면에 들어올 수 없는 것은 당연한 일이다. 교수님도 물론 부용대와 만송정을 한 장면에 담고 싶으셨을 것이지만 그럴 수 없었을 것이다.

전통 경관, 추상화된 자연

다른 동족부락의 경우와 비교해 보면 하회에는 하회별신굿, 하회탈춤, 강변과 부용대를 잇는 줄불놀이 같은 다양한 민속이 보전되고 있다. 동족마을이라면 그저 그런 민속자료가 남아 있다는 것만으로도 특별난 일일 텐데 하회에는 게다가 아주 수도 많다. 무척 이례적이다. 하회에는 하회탈과 별신굿 그리고 별신굿의 의례에 속해 있던 탈춤이 생생하게 전승되고 있다. 마을 한가운데 중요한 공간을 차지하며 오랜 세월 한결같이 자리를 지키고선 당산나무며 하회로 접어드는 길목의 기슭 언덕에 서 있는 당집과 같은 것이 모두 별신굿과 함께 잘 보존되고 있는 소중한 민속자료다. 아직 거의 원형을 유지하고 있는 정지나 토방을 가진 초가집들도 건축학적으로 문화재급의 고택들에 견주어 손색 없는 민속향토자료라 할 수 있다. 강가에 송림이나 각 집집마다 나름대로의 가치와 의미를 부여해 경관과 상관시켜 놓은 많은 경우들이 있다. 이런 내력과 개개의 경관적 특징을 함께 새겨서 하회를 읽어가다 보면 하회의 진면이 이런 것이구나 싶어진다.

교수님 사진을 따라 훑어 본 하회, 그리고 조금 다른 접근로를 따라가 보는 하회 답사의 실험, 그 결과 부용대는 하회와는 별개로 그게 먼저든 마을이 먼저든 크게 다르지 않은 관계로 존재하는 것 같다. 그 고민보다는 오히려 마을을 찾아 들어 곧장 종가로 다가가는 발걸음 순서를 조금 바꿔, 당산목을 먼저 찾아보고 마을의 구조와 주변 경관의 윤곽을 떠올려 보는 것이 좋을 것 같다.

독일에 있는 동안, 우리나라 전통 건축의 특징은 독일이나 서구의 그것과 어떻게 다른지 교수님께 말씀 드린 적이 있다. 한국의 건축은 담 밖의 산과 강과 들의 자연을 담 안의 건축 공간에 축소하고 추상화해 담아 놓은 것으로 보고 싶다고. 즉 뒤뜰의 화계는 뒷산 기슭의 일부이자 계단식으로 해 둔 추상화된 산이며, 대문과 행랑은 안대한 산, 그 사이의 넓은 들판을 차용한 것이라고 본다는 의미에서 자연의 반복이자 추상화된 자연이라고.

하회는 교수님을 모시고 시골의 전통 마을을 답사한 마지막 장소였다. 마지막 종합 의견으로 하신 말씀이다. "

둘레의 산으로부터 온 자연이 마을 안으로 스며들고, 마을로 들어온 자연은 골목 안 길을 가득 채웠네. 마을길에서 만나는 담 너머의 집채는 또 하나의 인공의 산을 이루며 추상화된 자연을 옮겨 놓았다는 자네의 이야기에 충분히 공감할 수 있네."

이를테면 집-마을-자연의 상관관계로 종합되는 이 개념은 우리나라의 전통 마을에 줄기차게 이어져 온 경관의 본성을 정의한 것이었다. 독일은 물론이고 지구상 어디고 전통적으로 농경을 해 온 문화권에서 나타나는 보편성이라 생각하며 그걸 나는 우리의 전통 마을에서 구체적으로 확인해 본 것이었다. 다만 각 나라나 지역의 문화적 특성의 차이에 의해 표현되는 소재가 다를 뿐.

주변 산의 자연이 마을로 스며들고 마을로 들어온 자연은 골목 안 길을 가득 채우고 있다.

매곡 용대 아저씨

매곡마을에 갔을 때였다. 하루를 더 머물고 싶었지만 마을에는 숙식을 할 마땅한 곳이 없었다. 일단 영천시내로 나가 하루를 묵고 매곡으로 다시 들어오는 것으로 했다. 마침 오후가 되어 영천시내로 들어가는 버스가 출발을 기다리고 있었다.

다음날에는 또 다시 먼 길을 걸어 드는 불편함을 피해 택시를 잡아 들어왔다. 편하기는 했다. 순식간에 매곡의 골짜기로 우리를 데려다 주었다. 전날의 산수정 답사에 이어 종가를 집중적으로 둘러보고 어르신들께 감사드리며 작별인사도 드릴 겸, 혹 놓친 건 없나 싶어 한번 둘러보는 정도여서 다소 가벼운 마음이었다.

택시를 타고 들어온 그날 아침의 매곡은 뭔가 달라져 있었다. 금방 손에 잡히지는 않는데 하룻밤 사이에 이 무릉도원 같은 동네에 뭔가 공기가 달라졌다. 뭔가가 크게 변한 게 분명했다. 한참이 지난 뒤에야 그게 뭔지 감지되었다. 아이들과 아낙들은 평범하지만 모두 깨끗한 차림이었고, 동네의 어르신들은 모두 한복을 차려 입으신 것이었다. 오늘이 무슨 날인가 싶었지만 그게 아니었다. 짐작해 보기를, 이 동네가 생긴 지 200년이 넘는 동안 처음으로 찾아온 외국손님을 진심으로 환영하려는 동네 사람들의 최대

매곡마을의 어르신들. 아래 오른쪽이 용대 아저씨다.

226

용대 아저씨는 맥주를 두 병 마련해 우리를 위해 조촐한 파티를 열어 주셨다.

한의 극진한 의례였던 것이다. 그 누구도 "우리는 당신을 환영합니다"라고 말한 사람은 없지만 환영의 깊은 마음을 새길 수 있었다. 그 마음이 교수님께도 그대로 전해졌을 것이다.

용대 아저씨는 교수님과 비슷한 연배셨다. 마을을 대표해 교수님을 응접하기에 딱 어울리셨겠지만 용대 아저씨는 맥주를 두 병 마련해 두고 우리를 위해 조촐한 파티를 열어 주셨다.

맥주라. 당시에, 그것도 매곡의 어려운 환경에서!

두 병의 맥주가 갖는 의미를 어떻게 다 설명할 수 있을까. 담배 가게조차 없던 동네에 맥주가 비치되어 있었을 리는 만무하고, 그렇다면 어제저녁이나 오늘 아침 일찍 누구를 바깥 세상에 내보내 이걸 사오게 했다는 이야기다. 맥주잔이 있을 리 없어 정종 잔이면 어떤가했던 조촐한 파티. 나는 지금도 그 일을 생생히 기억한다. 지금 살아 계시다면 여든을 훨씬 넘기셨을 것이다.

양동 점방

양동마을의 점방店房 이야기도 오늘을 살아가는 사람들 이야기 중 하나일 게다.

교수님과 막 양동에 도착했을 때였다. 마을을 눈앞에 두고 잠시 가게에 앉았다. 양동에 가게가 있다는 사실이 흥미로웠다. 20대 초반 정도 되어 보이는 젊은이가 가게를 지키고 있었다. 양동은 젊은이의 외가이며 고향은 매곡이라 했다. 매곡은 직선거리로 봐서는 양동에서 얼마 떨어지지 않은 곳이다. 이런 저런 이야기를 하다가 매곡에 계시다는 그 청년의 부친이야기를 듣게 되었다. 매곡의 용대 아저씨였다.

최근에 하회와 함께 세계문화유산에 등재가 되었기에 등재를 위해 준비하는 과정에서 상당히 정비가 되었을 것이 뻔한데, 그 작은 가게가 여전할지 알 수 없고 또한 그 주인이 지금도 거길 지키고 있을지도 궁금했다. 그런데 이번 길에 양동의 가게에서 용대 아저씨의 근황을 접할 수 있었다.

버스에서 내리자 가게가 눈에 들어왔다. 왠지 생소해 보이는데, 아마 양동의 마을 입구 일대가 많이 변해서 그런가, 가게가 낯설다. 가게가 눈에 익지 않은 거다. 입구 한쪽에 양동 점방이라는 간판이 달려 있는데 서체도 예쁘고 이름도 예쁘고, 크기도 딱 알맞은 게 꽤 세련되어 보인다. 문을 열고 들어갔다. 커피 한 잔을 부탁하고 커피를 준비하는 동안 이것저것 가게의 주인께 물어 보았다. 우선 탐색을 하느라 "이 가게 하신지 오래 되셨나요?" 라고 물어 보았더니 한 40년 되었단다.

"그럼 혹시 고향이 매곡이 아니신지?"

그렇다면서, 다소 놀라는 표정이었다.

"혹 그렇다면 용대 아저씨와는?"

"예, 아버지세요."

내가 찾아온 사정을 이야기했다. 20여년 전, 1986년에 독일에서 오신 손님 한 분을 모시고 양동으로, 매곡으로 다닌 일이 있었다는 것과, 지금 그때의 사진을 가지고 그 장소들을 다시 찾아다니는 중이라는 이야기도 했다. 혹시나 해서 가져간 용대 아저씨의 사진을 보여 주었다. 사진을 보자 반가워했다. 그리고 혹시 이 사진을 메일로 보내 줄 수 있느냐다. 물론 그러겠다고 했다. 몇 해 전 돌아가셨는데 변변히 영정 사진할 만한 사진이 없어 젊은 시절의 사진으로 대신해 온다는 이야기였다. 젊은 시절의 아버지, 사진 속의 꽃미남이신 아버지, 내가 내민 사진 속의 용대 아저씨는 60대 전후의 모습이지만 젊은 시절의 준수했을 때를 떠올리기 그리 어렵지 않았다.

예전 이 가게를 보고 있었던 젊은이는 동생인데, 지금은 자동차 관련 대기업에 근무하고 있단다. 이렇게 한 세대가 지나가는 시점에 그의 가족들을 만나 그 옛날의 이야기를 되짚어 보고 있다는 게 소설의 첫 머리에 나 나올 법하지 않나? 그게 바로 지금 내 앞에서 벌어지고 있다는 게 더욱 실감이 나지 않는다. 용대 아저씨는 몇 해 전 세상을 뜨셨다 했다. 햇수로 따져보니 나의 선친께서 돌아가신 해이거나 그 이듬해인 것 같다.

자연 경관과 향토문화인 '산소'가 보여 주는 우리 전통 경관의 면모. 매곡 인접한 곳 하천재
일대이다. 영천댐 건설과 함께 수몰된 계곡 일대, 그 위쪽으로 기룡산 기슭에 넓은 송림과
함께 조선 후기, 18세기에 조성된 문중 묘지가 있다.

자연 경관과 전통 건축물인 '정자'가 보여 주는 우리 전통 경관의 면모. 매곡 인접한 선원마을의 함계정. 작은 언덕 위에 올라 앉아 있고, 언덕 아래로 계류가 흐르고 작은 소(沼)가 있었다. 지금은 소만 남아 있고 주위 하천 부지 대부분은 논이나 과수원으로 개간되었다. 정자 출입문과 담장은 오랜 세월의 흔적을 안고 있었는데 지금은 수리해 깨끗하게 마무리되어 있다. 매곡 산수정의 열린 조망과는 달리 정자에 서야 담 너머의 원경을 바라볼 수 있다.

퓌르스트 퓌클러, 글로리에테

교수님 마음에 깊이 스며든 한국적 정서가 묻어 있는 사진은 산수정 아래
로 계류를 건너는 사진에 담긴 모습이었다면, 교수님 사진에서 찾아낸 내
가 꼽는 최고 장소는 매곡 산수정 지붕과 그 너머로 멀리 매곡마을 전경이
펼쳐지는 드라마틱한 조망이 있는 장면이다. 조망 장소로서 산수정, 거기서
조망되는 매곡마을 전경, 게다가 그 조망 장소마저 함께 집어넣은 조망 경
관을 만날 수 있게 해 준다.

매곡에서《주역》과 함께 풍경에 이름을 붙이는 선비들의 행위에 대
해 설명을 드렸을 때, 교수님은 이미 그런 일에 대해 알고 계셨고 충분히 이
해하셨기에 나로서는 매우 쉽게 본격적인 내용으로 설명해 들어갈 수 있었
다. 영국식 정원, 또는 풍경식 정원이라고 부르기도 하는 정원 양식에서도
동아시아의 중국풍의 문화를 받아들이면서 정원 외에 점경물을 조성하고
거기에 이름을 붙이고 의미 부여하는 일이 있었던 걸 상기시키면서 내 노
고를 덜어 주려 애쓰셨다. 그런데 그와 관련해 내게 일러 주신 아주 간략한
한마디가 있었다.

"독일의 조경가로, 퓌르스트 퓌클러라는 사람이 있었네."

"아직 조경가로서 자질이 충분하지 못해 그 사람에 대해서는 잘 모
릅니다만, 그리고 워낙 독일과 유럽에 대해서는 저희들에게 잘 알려져 있지
않습니다."

"퓌클러는 후작으로서 독일을 대표하는 조경의 대가로 꼽히네. 주로
현재의 동독에서 활동했다 보니 거의 정원을 가 볼 수 없으니 그게 많이
아쉽네."

퓌클러에 관한 짧은 정보였지만, 그게 나중에 나에게 얼마나 큰 과
제가 되었는지 교수님은 전혀 예상하지 못하셨을 거다. 퓌클러(Hermann Fürst
von Pückler-Muskau, 1785~1871)는 독일을 대표하는 조경가의 한 사람으로서 자
신의 영지에 직접 정원을 조성하고 그 경험을 바탕으로 정원에 관한 책《풍
경식 정원Andeutungen über Landschaftsgärtnerei, 1834》(권영경 옮김, 2009)을 출판했

다. 그의 정원은 몇 해 전, 정원 단독으로 세계문화유산에 최초로 등재되었다. 그간 공산권에 속해 있던 관계로, 우리에게나 서구에서도 널리 알려진 바가 없기도 했지만 앞으로의 조경사에서 매우 중요한 의미를 가지는 중요한 정원이다.

퓌클러가 무스카우 지방에 조성한 무스카우 정원은 동독지역에 속해 있어서 찾아가 볼 수 없었기에 나도 나지만, 독일과 서방국가가 모두 그 정원의 실체는 통일된 후에야 접하게 되었던 것이다. 통독 후 여행이 자유로워진 이래로 지금까지 여러 차례 다녀왔다.

무스카우 정원에는 글로리에테라 이름 붙인 작은 가제보가 있다. 내 눈에는 그게 모양새로나 의미로나 꼭 우리의 정자 같은 시설이었다. 퓌클러의 책을 바탕으로 보면, 가제보에서 조망되는 근경과 원경의 여러 장면이 언급되어 있다. 우리의 정자에서 읊은 팔경시八景詩, 매곡의 산수정에서 조망되던 경관과 같은 것인데, 퓌클러가 그런 외부적 요인에 의해 상대적으로 실현되는 빈 공간으로서 정자 같은 기법에 대해서 어떻게 알게 되었는지는 잘 모르겠지만 장소 만들기로서 정자에 관한 기법을 아주 적절하게 적용하고 있었다.

게르덴의 사모님

여행을 마치고 돌아간 지 2년 만에 학위를 마치고 귀국했다. 1996년 하노버대학으로 1년간 교환교수로 가게 되었을 때는 교수님께서 별세하신 이듬해였다. 교수님이 사시던 곳은 하노버 근교, 게르덴이란 작고 아담한 도시인데, 그곳 시립묘지에 안장되셨다. 사모님께서는 예나 다름없이 게르덴의 댁에서 집과 정원을 가꾸고 계셨다. 워낙 건강하신 편이었지만 여전히 정정하셨다.

학위를 마치기 전 1년간, 나와 우리 식구는 게르덴의 교수님 댁에서 지냈다. 본채에 연이어 원룸으로 된 별채에서 지낸 그 기간은, 나를 제외한 우리 식구들에게 아름다운 추억을 준 세월이었다. 내가 공부에 몰두하느라 다락 골방에 박혀 있는 동안 나를 제외한 우리 가족들은 바로 이웃의 헨델 가족과는 울타리 하나를 사이에 두고 오가며 지냈고, 사모님과는 간간이 드라이브도 하고 시골 카페에 가서 달달한 케이크를 곁들인 차도 한잔하던 좋은 시간이었다. 잠시 동안 막내를 잃어 버려 아이 찾느라 게르텐의 온 동네를 뒤집어 놓은 참 별난 일도 있었다.

학위논문의 막바지에 어느 누구든 거치게 되는 일이지만 일차로 작성된 원고는 원어민의 교정과 교열을 통해 어법과 문법에 맞는 올바른 독일어로 다듬어지는 과정을 겪는다. 무슨 소설이나 에세이도 아닌 터에, 어설프게 작성된 원고를 지극정성으로 자기 일처럼 봐 주는 일은 결코 쉬운 일이 아니다. 더욱이 머리 아픈 이론 체계를 바탕으로 설명하고 논증되어야 하는 거의 준 철학서에 준하는 원고라면 그 일은 논문 원고를 만드는 이상의 머리 아픈 절차임에 틀림없다.

사모님은 내 원고가 독일어로 제대로 태어나도록 전력을 다해 주셨다. 매일 오전 최소 서너 시간 석 달 동안, 사모님과 일대일로 마주 앉아 검토하고 수정 보완하는 조련 시간을 겪었다. 별채는 본채와 완전 분리되었지만 벽에 난 작은 샛문이 있어서 그걸 열고 들어가면 곧바로 교수님 댁의 침실 복도를 거쳐 거실로 통했다. 식구들은 주로 그 문을 통해 사모님과 소통하고 있었지만, 나는 언제나 바깥으로 나가 교수님 댁의 현관으로 가서 정식으로 초인종을 누르고 깍듯이 인사드리며, '한 수 배우러 온 제자의 방문'을 정식으로 고하고 공부에 임하는, 꼭 조선시대 학생이 스승님을 뵈러 가던 것과 다름없는 방식을 취했다. 아마 나의 그런 모습을 참 흥미롭게 보셨을 거다.

원고를 읽고 내 설명을 들으며 때로는 따로 준비해 놓은 보충 자료를 일견한 후 다시 읽어 보면서 이런 이야기, 이런 개념, 혹은 이런 의도의 내용인가를 확인한 연후에, 마지막으로 백과사전에 준하는 전집으로 된 독일어사전을 펼쳐 놓고 단어 하나 문장 하나를 꼼꼼히 다듬어 가는 방식이었다. 진도는 쉬 나가지 않았다. 어떤 날은 단어 하나 용어 정의 하나를 가지고 하루를 보낼 정도였다.

사모님과 함께 한 석 달 동안의 담금질 시간은 내가 알고 있는 한 거의 모든 우리전통을 재구성하고 객관적 시각에서 들여다본 시간이었다. 독일의 경관을 문화인류학적 관점에서 들여다보는 일은 차라리 쉬웠고, 사모님은 그 모든 것에 집중해 주셨다. 그래서도 내 논문에서 다루어진 용어와 개념에 대해서라면 사모님은, 나나 교수님 보다 훨씬 더 많은 것을 알고 계신다. 교수님의 슬라이드를 정리해 글을 다 묶은 시점에서 사진을 보내 주신 사모님이 생각나는 건 당연한 일일지도 모른다.